元FBI特別捜査官
ジョン・デソーザ

真実はここにある！

The truth is out there

シャラン

あの
『X-ファイル』の
主人公が明かす
最高機密ファイル
Vol.1

VOICE

はじめに

♪〜タリラリーラリーラリーラ、ラーンラーンラーンラーン〜♪

今、私の脳内には、あの懐かしい音楽が流れています。

そうです。

あの『X-ファイル（The X-Files)』のオープニングテーマ曲です。

あなたは、90年代に一世を風靡し、視聴者に大きな衝撃を与えたTVドラマシリーズ、『X-ファイル』を憶（おぼ）えていますか？

あのドラマをリアルタイムでご覧になっていた人は、すでに今では軽くアラフォー以上の世代ではないかと思われますが、もし、あなたがかつて『X-ファイル』のファンだったら、きっと憶えているはずです。

ちょっと怪しく、不気味で、おどろおどろしいあの音楽を。
未知との遭遇に覚悟を決めた時に流れる、あのテーマ曲を。
思い起こせば、あのテーマ曲が流れると、私たちは、まるでスイッチが入るように誰もが超常現象の世界に吸い込まれていったものです。

そんなあなたへ。

再び今ここで、あなたの脳内にも、あのテーマ曲を流してほしいのです。
♪〜タリラリーラリーラリーラ、ラーンラーンラーンラーン〜♪
そして、同時にあの有名なフレーズも脳内に一緒に流しておきましょう。

——The truth is out there（真実はそこにある）——

私が今からご紹介するのは、俳優デイヴィッド・ドゥカヴニーが演じていた『X-ファイル』の主人公であるFBI捜査官のモルダー役のモデルになった方、ジョン・デソーザさんです。

日本でも数々のメディアにおいて、ＦＢＩ関係の方がたびたび紹介されますが、そのほとんどは、ＦＢＩにコンサルタント的な形で協力していた人などが多い中、自身がＦＢＩに所属するエージェントであった人は意外と少ないのです。

そういう意味において、ジョンさんは、正真正銘、ＦＢＩの元特別捜査官です。

彼がＦＢＩで扱った超常現象のケースは、そのまま『Ｘ-ファイル』でエピソード化されているのですが、特に「シーズン１」のエピソードは、ほとんどが彼の実際の体験談がもとになったものだそうです。

「え？　あの話は、実際の体験談がもとになっていたの？」

と思った人が本当に驚くのはこれからです。

今から本書を読めば、現実に起きていたことが、『Ｘ-ファイル』で描かれていた内容をはるかに超えていることに気づくからです。

そうなのです。

『X-ファイル』も十分に〝ありえない話〟の連続でしたが、それでも、リアルなストーリーの方がより信じられない話ばかりであり、それらが一般の視聴者に受け入れられる形で希釈化されていたのが『X-ファイル』だったのです。

さて、ご紹介が遅れました。

私の名前は、シャランです。

この本では、ジョンさんとの対話を通して皆さんに真実をお伝えするナビゲート役を務めますが、私自身もこの世界の真実を私なりに探求している者です。

また、未来案内人、そして多次元コンタクターとして、独自に体系化してきた願望実現のノウハウや夢を叶えるメソッドを皆さんにお伝えする活動もしています。

今回、私にとってもジョンさんとの出会いは衝撃的でした。

というのも、私も自分なりにこの世界で起きていることをリサーチしていると思っていましたが、それはネットやメディアの情報からの知識であったということ、つまり、それはあくまで二次情報であった、ということなのです。

要するに、どんなに信ぴょう性があるように見える情報でさえも、フェイクの可能性がある、ということなのです。

なぜなら、どんなに名前の知れた真実追求者やジャーナリストでも、事件や事故があれば「立入禁止（Keep Out）」の黄色いテープが張り巡らされた奥へは行くことはできないのです。

つまり、本当の真実には実際には、その手で、その目で〝触れて〟いない人たちなのです。

一方でジョンさんは、その「立入禁止」の規制線を超えた向こう側にいた人です。

つまり、そこで起きていたリアルな現場を見ていた人なのです。

そんなジョンさんは、ＦＢＩ時代には真実を追求してきたがために、ＦＢＩ内では、最も疎ましがられた存在であり、同時に困難な事件を解決するという意味においては、最も称賛されたという二面性を持ったユニークで唯一無二のエージェントでした。

現在はＦＢＩを辞め、執筆活動や講演を通して真実を伝えているジョンさんがこれから語ることは、信じられないことばかりかもしれません。

もちろん、信じるか、信じないかはあなた次第ですし、あなたが自分なりの真実を決めればいいのです。

でも、お伝えしておきたいのは、あなたも私も黄色いテープの向こう側にはいなかった、ということです。

そして、この世界には、まだまだ未知の世界がたくさんあるということ。

さらには、私たちが目にしている情報は、黄色いテープが張られた線の外側用の情報である、ということです。

そのことだけ、頭の片隅に入れておいていただけたら幸いです。

さあ、それでは今から私と一緒に〝ＦＢＩ捜査官が見た〟真実を探求する旅に出かけてみましょう！

〝The truth is out there（真実はそこにある）？〟

いえいえ、〝The truth is out here（真実はここにある）〟なのです。

シャラン

Chapter 1 FBI特別捜査官が見た9・11の真実

Chapter 2 FBIに入るきっかけとなったアブダクション未遂事件

CONTENTS

Chapter 3 超常現象を認めないFBIで超常現象を捜査する

Chapter 4

FBI特別捜査官は見た！機密UFOファイルを公開

Chapter 5

ここ数年頻発して起きる「ポータル現象」とは？

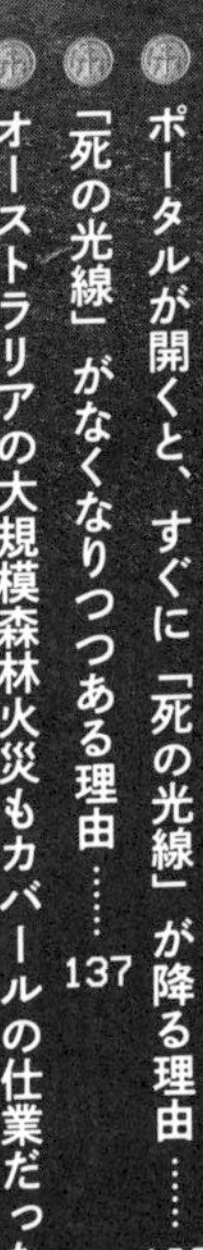

Chapter 6

フェイク・サイエンスには、もう騙(だま)されない!

Chapter 7 フェイク・ニュースの裏を読む

Chapter 8 事実は『X-ファイル』より奇なり

新しい世界を生きるために真実を見極める

Chapter

1

FBI特別捜査官が見た9.11の真実

今だからこそ、もう一度9・11を振り返る

シャラン　はじめまして、シャランです。今日はよろしくお願いいたします！

ジョン　はじめまして。こちらこそ、よろしくお願いいたします！　元FBI特別捜査官のジョン・デソーザです。人は私のことをドラマの『X-ファイル』をもじって、〝Xマン〟と呼んでいます。今回は日本の皆さまに大手メディアが伝えていない、世界の裏で本当に起きている真実や、その現状をお伝えできることを光栄に思っています。

シャラン　今日は、質問が山ほどあるんです。特に、あの人気TVドラマシリーズ

『X-ファイル』の魔訶不思議で信じられないエピソードは本当だったのか、とかドラマの裏話や、実際にFBI時代にどのようなケースを扱っておられたのか、なども知りたいですね。そして、現在はどのようなテーマに興味を持たれていて、どんなふうに真実を追求されているのか、なども伺っていきたいです。まずは、ジョンさんがFBI時代に担当された代表的なケースを教えていただけますか?

ジョン

ご存じのように、『X-ファイル』では、説明のつかない超常現象ばかりを扱っていますね。でも、実はFBI時代には他にも凶悪殺人事件も扱いましたし、テロ対策にも多くの時間を割いてきました。有名な事件を挙げると、1993年の「世界貿易センター爆破事件(死者6人、負傷者1000人以上)」、1995年の「オクラホマシティ連邦政府ビル爆破事件(死者168人、負傷者800人以上)」、そして、〝9・11〟で知られる2001年に起きたあの「アメリカ同時多発テロ事件(死者2996人、負傷者6000人以上)」の捜査にも参加しました。9・11においては、テロの解明をしている時に、「9・11のインディゴ・チルドレン」という説明のつかないケースにも取り組むことになりました。

シャラン　超常現象以外にも、誰もが知る有名な事件ばかりを担当されてきたんですね。ちなみに、「9・11のインディゴ・チルドレン」というケースとは、どのようなものだったのですか？

ジョン　これは、9・11のアタックが起きる3〜4か月前くらいから、だいたい5〜6歳前後くらいの小さな子どもたちにある不可思議な現象が多発していたことを調査したものです。その現象とは、たとえば、子どもたちが夜、寝ている時に夢であるビジョンを見たり、彼らが描く絵や図画工作の作品、中には砂場の遊びで砂の上に描く絵などの表現に、ある共通点が見られたのです。当初は、大人たちもこのことを気にかけていなかったのですが、9・11が起きた後、大人たちは子どもたちが口々に語っていた夢の話や、描いていた絵のことを思い出し、警察やＦＢＩに通報してきたのです。

正真正銘、ジョンさんのFBI特別捜査官時代のバッジ。1988年から2013年までFBIで超常現象や凶悪殺人事件、テロ事件などを捜査する。

9・11が起きる前にインディゴ・チルドレンたちが見たビジョンとは？

シャラン　それは具体的にどんな絵や作品、夢だったのですか？　また、どれくらいの数があったのでしょうか。

ジョン　数にすると、同じような話が軽く100件以上はあったかと思います。では、子どもたちが描いていた作品の典型的な例を挙げてみましょう。たとえば、ある子どもの描いた絵は、大きな紙に指で描かれたものでしたが、その絵は大人から見たときには、光り輝く2棟のビルがあって、その間を天使が飛んでいるというような絵でした。そこでその子の先生が「キレイね！　上手に描けたわね。これは天国の街なの？　キラキラ輝いているビルの間を赤い羽根をつけた天使が飛んでいるのね！」などと言うと、その子が「ちがうよ！　これは天国の街なんかじゃないよ。このビルは燃えているんだ。それに、これは赤い羽根をつけた天使じゃなくて、燃えている人がビルから飛び降りているんだよ！」などと語ったというのです。このようなケースが全米各地の子どもたちの間で何件も起きていたのです。

シャラン　その子の説明は、とても子どもらしい表現ではあるけれど、あまりにもリアルですね……。でも、こんなふうに子どもたちが未来を予言するようなことを言ったり、何らかの形で表現したりするのは、9・11だけに限ったことではないですよね？

ジョン　もちろんそうです。子どもたちはピュアで繊細ですから、9・11以外にもこのようなことは起きているはずです。けれども、この時ばかりは、あまりにも多くの事例が挙がった、というわけですね。

シャラン　この時、ジョンさんたちのＦＢＩではこの件をどのように扱い、結論づけたのですか？

ジョン　この件は、ＦＢＩだけでなく、州警察・市警察当局も捜査に乗り出しました。当然ですが、私たちの狙いは、この事象がどうして起きたか、という観点からではありません。この子どもたちの親や家族、近親者たちに9・11のテロに関与した関係者がいないか、というのを調べるためです。要するに、どうして、実際に起きることをこんなにも事前に正確に描けたり、表現できたりしたのか、というわけですね。子どもたちの周辺にテロに関与した人物がいて、何らかの拍子に子どもたちに情報が漏らされていたのではないか、と誰もが考えたのです。ところが、子どもたちの家族、親戚、友人たちなどすべての人間関係やバックグラウンドを調べても、まったくテロやテロリストたちとは関わりがないことがわかりました。

シャラン　そうですよね。それに、もはや9・11の真相は、すでに多くの人たちが知っているように、テロリストだとして挙げられた人たちが実行犯であったとしても、背後には別の大きな力が働いていたわけですよね……。

旅客機の破片が見つからない！

ジョン　はい。この9・11に関しては、結果的にFBIを含むすべての捜査機関は、本来なら自分たちが解明すべきことをやらなかった、いや、やれなかった、という事件になってしまいました。

シャラン　9・11には、真実を追求する人たちの間でも、さまざまな話が錯綜（さくそう）していて、どこまでが本当なのかわからない部分もありました。だから結局、陰謀論という言葉で片づけられたりしてしまうのですが、実際に9・11の捜査に直接携わられたジョンさんの見解を教えていただけますか？

ジョン　まず、9・11は私たちにとって、あまりにも不可解な事件でした。2001年9月11日の朝、NYの世界貿易センターのツインタワーのビルに2機の旅客機が順番に突撃していき、ビルがそれぞれ崩壊していく様子は、誰もが憶えている衝撃的な光景ですね。この時の状況は、テレビ他、多くのメディアの映像にも出ていただけでなく、今でもネット上には映像にも残っています。でも私には、この旅客機の衝突は実際に起きたことではなく、非物質の超自然的な現象だったとしか言いようがないのです。

シャラン　ええっ⁉　そんなところからはじまりますか！　それは、誰がどんな理由で、またどんな方法で起こした事件だ、などというレベルではない話ですね。

ジョン　そうなのです。まず、私たちは事件後、この2つのビルの跡地を徹底的に調査しました。けれども、信じられないかもしれませんが、ビル内のすべてのものが粉々になっている中、機体のどんな小さな欠片(かけら)さえも1つとして見つけられなかったのです。そんなことは、普通なら到底ありえるはずがないのです。これに関しては、私だけでなく、多くの他の捜査官たちも「どうして、機体の破片がまったくないんだ?」と誰もがその事実を受け止められませんでした。

実際に私たちは、旅客機の機体の残骸を運び込むための大きな倉庫までも用意していたのです。現場からどんな小さな欠片もすべて収容して、それらを再び、一から飛行機の形に組み立て直す、という大仕事をやらなければならなかったのです。なぜなら、そのようなプロセスを経ることで、この事件が起きた原因や詳細などが究明できるからです。ところが、通常なら決して破壊されないはずのブラックボックス（フライトデータレコーダーとコックピットボイスレコーダーの通称）さえも現場からは発見できませんでした。そうこうするうちに、上からの命令で、「機体が見つからなかったことは黙っているように！」という指令が入りました。そして、「もうこれ以上、捜査はしないように」ということで捜査は打ち切られたのです。上司からは、「もう仕事をしないで済むから、ラクになるだろう？」とも言われましたね。

シャラン　なんなんですかね～、その上司は!!

ツインタワーに〝バターのように〟溶けていった旅客機の謎

ジョン　そうなんです。結果的に私がこの事件について言えることは、まず、乗客の乗った旅客機が実在していたのは確かです。しかし、ツインタワーに突撃する旅客機の映像は本物に見えても、超自然的な力が働いて機体が忽然と消えてしまった、としか言いようがないのです。もしくは、飛行機もホログラムか他のテクノロジーによるものでつくられた現実のものではない、という言い方もできるでしょう。正直言って、この9・11に関しては実際には何が起きたのかわからない、というのが私の見解です。ちなみに、この時、「ツインタワーに旅客機が突撃したのはフェイク（嘘）ではないのか」とするコメントを出していたのが、あのドナルド・トランプ氏ですね。それはまさに、私たちＦＢＩの捜査官たちと同じ見解でした。

シャラン　なんと、今や大統領のあのトランプさんがそんなことを言っていたんですか。

ジョン　はい。彼はラジオ番組の取材でそう答えていましたね。当時、実業家であり不動産王だった彼はNYで数多くのビル建築に携わっていたので、高層ビルの構造にも詳しかったわけです。このツインタワーの建築の骨組みは、太い支柱が真ん中にあってビルを支えているわけではなく、何本もの鋼鉄の柱がビルの周囲を格子型になって取り囲むようにケージ（檻）のような構造になっていたのです。要するに、巨大な鋼鉄の鳥かごのような構造、というわけですね。その場合、いくら飛行機がビルに衝突していった場合でさえも、あんなふうに機体がビルの中に、吸い込まれていくことはありえない、と言っていたのです。彼は、「機体がまるで〝バターが溶けるように〟ビルの中に消えていくような映像だった」、と表現していましたね。普通だったら、衝突しても機体は鋼鉄の格子の骨組みに引っかかったりして外側に機体が飛び出たり、パーツが落ちてしまったりもするはずなのです。だから、あの映像は本物とは思えない、と語っていました。

シャラン　言われてみればそうですね。当時は、このビルは内側から爆破されたというような説もありましたね。

ジョン　はい。建築家やエンジニアたちが調査団を作って真実を追求していましたね。実は、私たちがその後行った調査でわかったことは、おっしゃるように2つのビルは爆破されて倒壊したのですが、その爆破方法も、従来からある爆破方法だけでなく、当時の、いや現存する地球上のテクノロジーでは理解できないような方法も併せて使われていたのです。

ツインタワーは地球外のテクノロジーで破壊された⁉

シャラン　ということは、地球外のテクノロジーが用いられていたのでしょうか。

ジョン

そうとしか考えられません。そのことを説明できるのかどうかわかりませんが、実は9・11の当日、事件が起きる少し前の朝には、次のような不可解な出来事が起きたこともわかっています。この話は限られた人しか知らない事実です。当日の朝、2人の作業員の男性がビルの地下にいました。彼らは地下の床に何か液体のような、オイルのようなものが壁を伝って床にしたたり落ちているのを発見したそうです。それは一見、水のようにも見えたそうなのですが、何かまるで生き物のように動いて壁を伝いながらアメーバのように広がっていたとのことです。

すると、あろうことか、1人の男性のつま先に不意にこの黒いモノが触れてしまったのです。その途端、その液体は彼の身体全体をあっと言う間に覆ってしまい、身体ごと一気に爆発させてしまったというのです。もう1人の男性は、命は無事でしたが、その爆発の衝撃で後ろに吹き飛ばされてしまったそうです。つまり、飛行機が衝突する頃には、すでにビル内には、その特殊な液体状の物質があちこちに広がって充満していた、ということになります。

シャラン　9・11にまつわる話はいろいろありますが、そんな話は初めてですね。

ジョン　それがいわゆる、この事件の仕掛け人でもあるグローバリスト、つまり*カバール（39ページを参照）たちが所有する我々の理解の範疇（はんちゅう）を超えたテクノロジーの1つなのです。それが何であり、どのように作用するのか、ということはわかりません。そして問題は、このテクノロジーを私たちはまた近い将来、目の当たりにするかもしれない、ということです。

シャラン　それはいつ、どんなふうに使われるのですか？

ジョン　彼らの仕立て上げる、「エイリアンによる地球侵略」などと称するフェイクなイベントで使用されるのではないかと思います。つまり、裏ではカバールが都市などを破壊しながら、表ではそれはエイリアンによってなされた、というような事件になるということです。もちろん、エイリアンといっても、本当のエイリアンではありません。それは、ロボットのようなメカニカル（機械的）なものであったり、何かハイブリッド的な生き物であったりするかもしれません。

その時期として可能性があるのは、今年の11月にトランプ大統領が再選されると、次の任期が２０２５年１月までになります。もし、トランプ大統領、いわゆる*アライアンス（39ページを参照）側にここまでの勢いがあるのなら、その動きを止められない切羽詰まったカバール側は、来年あたりにこのテクノロジーを再び世界の主要都市で使おうとするのではないかと思われます。

人間の恐怖をエネルギーにして増長するカバールのパワー

シャラン　それは恐ろしい計画ですけれど、カバール側がもう力尽きようとしている、ということでもあるのはいいことですね。ちなみに、9・11という数字にもいろいろな意味があるといわれていますね。

ジョン　はい。カバールたちは数字や数字の持つ意味を重要視しています。この事件がなぜ9月11日に起きたのか、と言われればこの日こそがキリストの本当の誕生日だからです。キリストはクリスマスの日に生まれたのではありません。これは、聖書の記述にある星の動きを天文学的に分析したら紀元前3年の9月11日に生まれた、ということは誰もが調べると出てくる情報です。悪魔教を信奉するカバールがこの日を選んだのはキリストを侮辱するためであり、この日に生贄（いけにえ）を捧げることで、自らもパワーを得るためです。

シャラン　なるほどですね。とにかく、この9・11については、早い段階から真実を追求する人たちは、この一連の事件が自作自演であるとか、仕立て上げられた事件であることを主張していましたね。それでも多くの人たちは、それを「陰謀論だ」と言って取り合わなかったわけです。この事件から20年が経ち、その後も多くのフェイク・ニュースが世の中には流布されているわけです。私たちは、もうそろそろ真実に向き合い、声を上げていかないといけないですね。

ジョン　その通りですね。とにかく、重要なポイントは、この事件に関しての真偽は置いておいても、実際にたくさんの方々が亡くなっているという事実があることです。カバールは、人の命が犠牲になることなんて気にしていないどころか、そのことを目的とするようなところがあります。でも、私たちは多くの犠牲者たちがいることを忘れてはいけないのです。9・11では約3000人が亡くなりましたが、これはカバールが信奉する神、いわゆる悪魔教の儀式への生贄です。同様に、ラスベガスで2017年に起きたコンサート会場での銃乱射事件では、58人もの犠牲者が出ましたがこれも同じです。この事件は、サウジアラビアをコントロールするカバール側とアライアンス側の2派の闘いを隠蔽するために起きた事件だったのです。

シャラン　多くの犠牲者が出る事件の裏には、いつも彼らがいるのですね。ちなみにカバールの信じているという悪魔は、どんな悪魔ですか?

ジョン　悪魔は、一般的にはサタンやルシファーなどと言われますが、多くの宗教にはそれぞれの悪魔的存在がいると言えるでしょう。カバールの場合も、彼らだけが崇拝する「ダークゴッド（闇の神）」のような存在がいて、悪魔というよりも彼らにとっての神なのです。彼らが信奉する神は、人間の恐怖を食事のように、エネルギーとして取り込んでパワーを増大させていくわけです。

シャラン　だからこそ、私たちは怖れを持たないようにしないといけないわけですね。

ジョン　そういうことですね。

カバールVSアライアンスの闘い

これから本書を通じて何度も出てくる用語、「カバール」と「アライアンス」について、ここで解説しておきたいと思います。

まず、「カバール（Cabal）」とは、「カバラ（ユダヤ教における神秘主義思想）」を語源とする言葉です。

皆さんの中には、カバールという言葉ではピンとこなくても、「ディープステイト」とか「グローバリスト」「世界統一政府」「New World Order（NWO：新世界秩序）」「闇の権力」「イルミナティ」「フリーメイソン」「秘密結社」「三極委員会」「ビルダーバーグ会議」などさまざまな言葉で表現されてきた組織・権力やその世界のことと同じ、もしくはそれらの総称だと思ってください。

そして、そのトップには欧州側ではいわゆる世界に名だたる金融財閥のロスチャイルド家や、アメリカ系富豪のロックフェラー家などが君臨しているといわれています。中国ではアジアを支配する「李家」＝通称「レッドドラゴン」がカバール側に参加しています。

ピラミッドの頂点にいるカバールたちの究極の目的は、「世界統一政府」を実現することです。

それはいわば、「彼ら自身の政府」「自分たちだけの地球」みたいなものでもあり、事実、世界の富のほとんどは、ほんのわずかな大富豪たちによって占められていたりします。

彼らは自分たちの目的を遂行するために、自分たちの権力下にある政治、行政、司法、金融、研究・教育機関、大手メディア、軍、その他の産業というツールを駆使しながら、ピラミッドの下層にいる一般民衆の目覚めを妨げているというわけです。ピラミッは“グッドガイ”なのか、と言われるのなら、そのニュアンスともまた少し違うのです。

まず、そのイメージも大手メディアでつくられている、というところがポイントですが、要するに、わかりやすく言えば、トランプ大統領は自分の国であるアメリカが大好きな愛国者である、ということです。

だから、彼はあくまでも“アメリカファースト”であり、世界が統一される“グローバリストファースト”ではないのです。

片や、オバマ前大統領やヒラリー・クリントンなどは、表で見えている世界ではいわゆる“リベラル”なイメージですが、その心は、自国のアメリカはどうでもいい、というスタンスなのかもしれません。

まあ、トランプ大統領はカバールにお金を積まれる必要もないほどすでに大金持ちだった、というのもあるのかもしれませんね。

今、カバールの数々の悪事が暴かれつつある中で、カバールVSアライアンスの闘いにおいて、アライアンスが優勢であるといわれています。

ドの下層の人たちには、眠っておいてもらわないと困るからです。それは、真実を知ってもらったら困る、ということでもあるのです。

一方で、「アライアンス」とは、カバール側を撃退するために各国が同盟となり立ち向かっている対カバール側の組織のことです。

つまり、カバールが世界統一政府を実現するのをなんとか防ごう、という人々や組織、国の代表たちの連合です。

ジョンさんいわく、アライアンス側の人物として挙げられるのは、アメリカのトランプ大統領、ロシア連邦のプーチン大統領、シリアのアサド大統領、インドの国家元首などがいるそうです。ここ数年、ネットでその存在感を増している「Q-アノン(Q ANON)」というグループもいわば、アライアンス側と言えるでしょう。

ちなみに、オバマ前大統領やヒラリー・クリントンなどはカバール側の人物です。

トランプ大統領って"いい奴"なの?

「え? じゃあ、あのノーベル平和賞を取ったオバマが悪い奴で、あのトランプが正義の味方なの?」

と思われた方もいるかもしれません。

「トランプ大統領」と聞くと、なんだかメディアから受け取るイメージは暴れん坊将軍で"バッドガイ"なイメージですが、でち入れないのは、犯行現場を改ざんされないためです。

同様に、2013年にもマンハッタンでビルとビルの狭間に、機体のあるパーツが発見されたことを大手メディアが報道していました。なぜ、12年も経った後にそのような報道があったのかは定かではありませんが、これも誰かがそのようなことをあえて演出したはずです。こういった手法は、この件に限らず、カバールの典型的な手法であったりもします。

もし、彼らがもう少しスマートだったら、数週間後やこんなに年月が経った後ではなく、事件直後にそれも瓦礫の中に機体を混ぜておくべきだったと思います。そうすると、私たちは番号を振って回収し、本物の証拠品として扱っていたかもしれません。

これは、旅客機に搭乗していた乗客たちについても同じことが言えるのです。

大手メディアの報道では、座席に括(くく)りつけられたCAと見られる遺体を発見した、などというニュースもありましたが、私たち捜査員は乗客たちの遺体も発見していません。

すべて灰と化した中で、どうしてCAだとわかったのでしょうか？ まず、どうしてそれらが捜査当局に知らされていないのでしょうか？ 私たち捜査員なら、その遺体からIDの判定をはじめとする多くの捜査がはじまったはずです。

現場にいた私が言える真実は、それらのニュースもまたフェイクであった、ということです。

機体の破片とカバールと

9.11において、旅客機の機体の破片をどれだけ探しても、ワールドトレードセンターのビルの瓦礫(がれき)の中から見つからなかったのは事実です。ただし、私を含め捜査員全員がこのありえない状況に対して声を上げていたことから、あることが起きました。

きっと、私たちの声がカバールに届いたのでしょう。

数週間後に、現場から何ブロックも離れた場所に、ある飛行機の「エンジン部分」と見られるパーツが道路上に置かれていました。

しかし、道路上や周囲には、まったくそのパーツが落ちたことによる陥没や傷などのダメージは一切ありません。それはまるで、丁寧にその場所に"置かれた"かのようにあったのです。きっと、このパーツは夜中にトラックでその場所まで運ばれて置かれていったのに違いありません。

実はそういった後で見つかったモノは、私たちにとって、いえ、連邦政府機関にとっても正式には"証拠品"として扱うことはできないのです。

私たちは、事件直後に現場で発見された証拠品と見られるものには、すべて番号を振って回収していきますが、その時に番号が振られたモノだけがそのケースにおいて物的証拠になるからです。

後で見つかる、ということ自体がすでにフェイクであり、そう見えるように演出されたことになってしまうのです。

たとえば、殺人現場があれば、直後には誰も関係者以外が立

Chapter

FBIに入るきっかけとなったアブダクション未遂事件

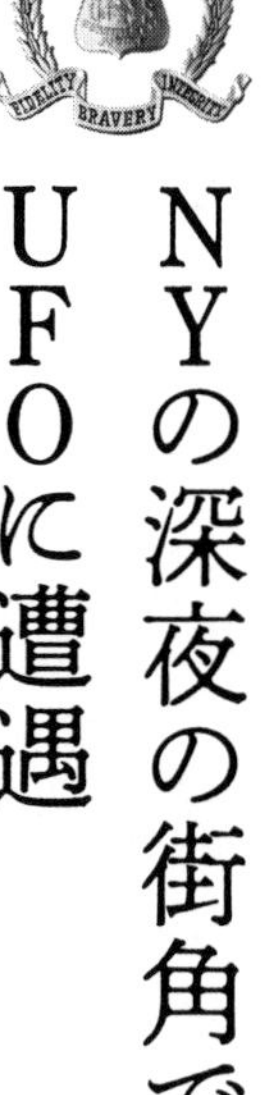

NYの深夜の街角で UFOに遭遇

シャラン　なんだか、のっけからヘビーな話題でスタートしましたが、ちょっとここで、ジョンさんがFBIに入ろうと思われたきっかけなどをお訊きしたいのですが。

ジョン　私がFBIの捜査官になりたいと思った理由の1つに、子どもの頃にまさに自分自身が超常現象を体験したから、というのがあります。それは、私がエイリアンに誘拐されそうになったという経験です。

シャラン　なんと！　ドラマの中では、主人公のモルダーの妹さんが小さい頃にアブダクション（誘拐）されて戻ってこなかった、という設定になっていましたね。実は、かなり実話に近いのですね。

ジョン　はい。10歳の頃、NYに住んでいたのですが、市内で知り合いのウエディングのパーティーが開かれることになり、一家揃ってそのパーティーに参加していました。それは何百人も参加するような大きなパーティーで、子どもたちもたくさん参加していました。パーティーは深夜まで続いていたので、深夜1時くらいになると、退屈してしまった子どもたちは一緒に会場から抜け出して、外の通りで遊ぶことにしたのです。

私たち少年のグループは、深夜で車も人気（ひとけ）もない通りの真ん中でケンカごっこみたいなことをしながら遊んでいました。腕白少年たちの無邪気な遊びではあるのですが、私はある男の子にお腹を強い力で殴られてしまい、思わず地面に倒れてしまったのです。もちろん、殴った子は本気ではなかったのですが、他の子たちが「おい！　本当に痛がっているじゃないか！」などとあわてはじめ、私を残して一斉にパーティー会場に走って逃げ去っていったのです。そして、1人取り残された私が、やっとなんとか上半身を起こした瞬間にそれは起きたのです。

シャラン　何が起きたのですか？

ジョン　ふと上を見ると、星が瞬いていた夜空でしたが、大きな巨大な黒い雲が星空を遮りながらこちらに向かって来たかと思うと、その黒い雲の下から何かが出てきたのです。それは、円盤型のUFOのような物体でした。そして、それは私の真上までやって来ると、円盤の底から青緑色の光をビーム光線のように出し、まるで私の身体全体をスキャンでもするように光を揺らしながら照射するのです。それは、私の情報をスキャニングして入手している、というような感じでした。

その最中は、私は半分トランス状態になっていたようです。でも、通りがかりの10代の2人の女の子たちが突然大声で、「ちょっと、君！ 何しているの！ すぐに家に帰らなきゃダメじゃない！ 世界の終わりかもしれないわよ！」と叫び声を上げたので、ハッと我に返ったのです。彼女たちもその光景に遭遇してパニックになっていました。焦った私があわてて動こうとしたその瞬間、真上にいたその円盤も、同時に上空へ後退して黒い雲の中に消えていったのです。

2人の少女たちは走って逃げ、1人になった私は怖ろしくなり、一目散でパーティー会場に戻りました。そして、母親にたった今起きたことを伝えようとすると、意外なことに信心深い両親は、「そんなことは、これ以上しゃべってはダメだよ！」と私を諭すのです。その時、このような体験は、むやみに人前で話したりしてはいけないものなんだ、ということを学んだのです。

シャラン　そんなことがNYという大都会の街角で起きたんですね。他に目撃者はいなかったのですか？

ジョン　その時はいませんでした。何しろ深夜の1時から2時くらいの間に起きたことだったので、２人の少女以外は誰も目撃者はいなかったのです。

シャラン　円盤型のＵＦＯの大きさは、どれくらいだったのですか？

ジョン　直径で約20〜30メートルの大きさはあったと思います。でも、その円盤を隠すかのように、真っ黒いインクのような巨大な雲がそのＵＦＯをずっと覆っていましたね。

シャラン　いわゆる、「クラウドシップ（ＵＦＯがその姿を雲の形に変えて現れたりするもの）」みたいな感じでしょうか。ところで、円盤から出た光線でスキャニングされたとのことですが、ジョンさんからＵＦＯまでの距離はどれくらいあったのですか？

ジョン　UFOは上空300メートルくらいの高さにいたような感じでしたね。

シャラン　かなり高い位置にいたのですね。

頭上で止まった円盤型のUFOから放出された青緑色の光線。まるでスキャンでもするかのように、頭から足元まで光線を走らせて、ジョンさんから情報を取っている様子だったという。UFOに遭遇した人の多くは、同じような体験を語っている。

自宅にやってきたエイリアンたち

ジョン　はい。とにかく、この体験は、子ども心にかなりショックな出来事だったのですが、両親からはこのことは誰にも話さないように、と言われていたので友達にも黙っていました。ところが、この話はこれで終わらなかったのです。

シャラン　ええっ！　また何か起きたのですか？

ジョン　はい。そこから1週間後の夜にまた別の出来事が起きたのです。その日の夜、私はまるで何かが起きることを察知していたように、なかなか深夜まで寝付けずにいました。もう寝られないので、逆に「頑張って起きていよう！」と夜中の3時頃まで眠らずにベッドの中で起きていたのです。すると、ある瞬間、あたりの空気が一変するのがわかりました。部屋の温度が一気に下がり、冷たい空気が漂いはじめたのです。それと同時に、全身が硬直して金縛りにかかってしまいました。

そして、気づけば私の部屋に見知らぬ2人の子どもたちが入ってきたのです。彼らは、私の側に来るとそのうちの1人が私の頭を持ち、もう1人が足元を持って2人で私の身体をすっと宙に持ち上げると、2人はまるで見えない階段がそこにあるかのように、空間をよじ登るような動作をしながら上へ昇りはじめたのです。驚くことに、2人の身体は部屋の天井をもすり抜けています。すると次の瞬間、私の額が天井にゴツンとぶつかりました。要するに、私の身体は天井から抜け出せなかったのです。彼らは、そのことに困惑しているようでした。そこで、彼らはもう一度トライしたのですが、再びゴツン！と天井に私の額がぶつかります。彼らは「どうしたんだろう？」というふうに顔を見合わせています。

ちょうどその時、やっと身体の硬直が少しほどけて、私は首が少し動かせるようになりました。そこで、天井近く浮いている位置から下を見下ろしたのです。すると、開いた扉の向こうに両親が寝ている部屋が見えたのですが、驚いたことに、そこにも別の2人の子どもがいるのです。両親は寝ているのですが、彼らは両親が起きないように何か手で操作をしているように見えました。そのせいか、両親は揃って悪い夢でも見ているかのようにうなされています。その瞬間、私は両親の部屋にいた2人のうちの1人と目が合ってしまったのです。その時、怖ろしいことに気づいたのですが、なんと、彼らは子どもではなかったのです。背が小さかったせいで私は子どもとばかり思っていたのですが、大きな目をした彼らは、確実に人間ではないということがわかりました。

シャラン　なんとなく、グレイっぽいですね。

ジョン　はい。すると、私と目が合った1人が「あの子は起きているよ！」とその場にいた別の存在に伝えています。彼らが言葉でなく、テレパシーでやり取りしていることがなぜだか私にはわかったのです。その瞬間、天井近くにいた私の身体はドスン！とものすごい音を立てて、ベッドの上に落ちてしまいました。ベッドの上で全身に強い衝撃と痛みを感じた途端、自分と両親の部屋にいた存在たちはあっという間に消えてしまい、それまで一変していた冷たい空気も元に戻ったのです。

２人の小さな子どもが部屋に入ってきたのかと思ったら、大きな目をしたグレイ系のエイリアンだった。この日、偶然に目を覚ましていたことから、ジョンさんはアブダクションから免れられた。

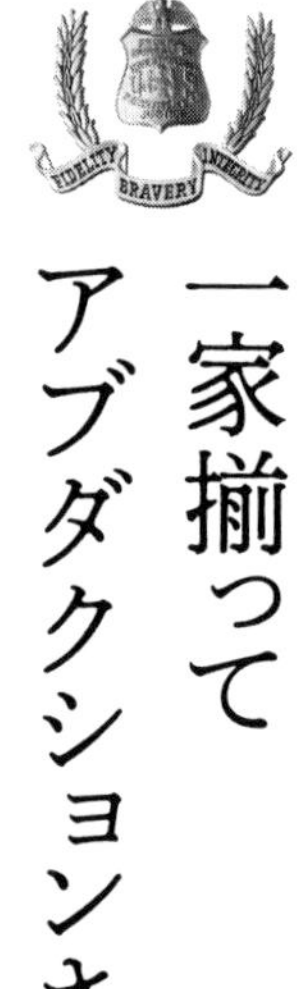

一家揃ってアブダクションされる

シャラン　なんということ！　1週間前のあのUFOにいたエイリアンたちがやってきたんでしょうか。それにしても、危機一髪でしたね。ジョンさんも家族もアブダクションされずに済みましたね。

ジョン　いいえ、実はこの時、私を除き、両親や妹、一緒に住んでいた叔父と叔母も含めて私の家族たちはアブダクションされていたのです。時空間が違うので説明しにくいのですが……。父と母は寝ているように見えたのですが、別の部屋にいた妹たちも含めて全員が連れ去られていたのです。当然、私もアブダクションされる予定だったはずなのですが、私がたまたま起きていたことが原因だったからか、天井から身体がすり抜けなかったので失敗に終わったのです。

シャラン　ということは、苦しそうにしていたご両親は、身体はベッドの上にあっても、意識だけアブダクションされていたということ?

ジョン　そういうことになります。アブダクションは、物質次元ではなく非物質の意識で起きていて、彼らはその時、別の次元に連れていかれていたようです。翌日の朝、一家揃ってその時の状況を報告しあった時に、全員が同じ夢を見たことがわかりました。私が憶えているのは両親がうなされていた様子ですが、その瞬間、両親たちは地球ではない、どこか別の惑星のような場所に連れていかれた、と言っていました。あたりの景色がまったく地球のものではなかったそうです。また、エイリアンたちは自分たちの首にチェーンを巻き、自分たちを奴隷のように扱いどこかに連れていこうとしていた、とのことです。

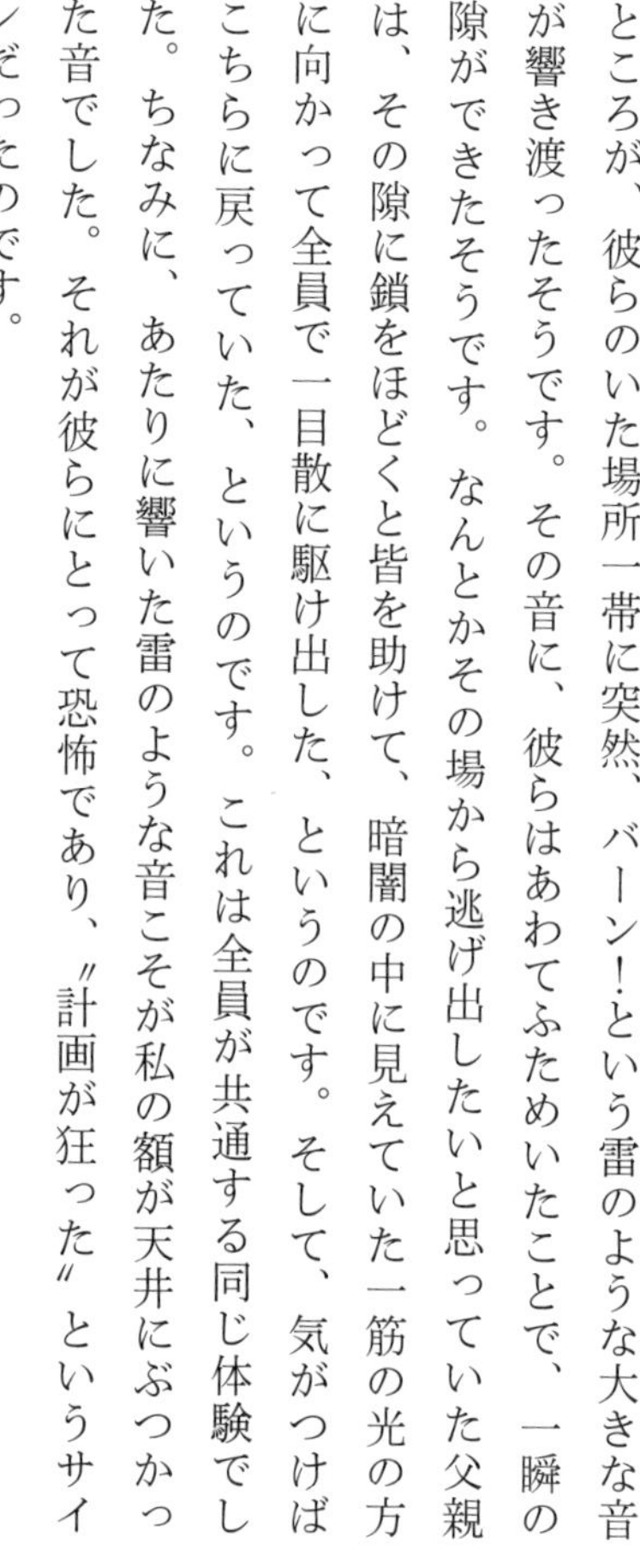

ところが、彼らのいた場所一帯に突然、バーン！という雷のような大きな音が響き渡ったそうです。その音に、彼らはあわてふためいたことで、一瞬の隙ができたそうです。なんとかその場から逃げ出したいと思っていた父親は、その隙に鎖をほどくと皆を助けて、暗闇の中に見えていた一筋の光の方に向かって全員で一目散に駆け出した、というのです。そして、気がつけばこちらに戻っていた、というのです。これは全員が共通する同じ体験でした。ちなみに、あたりに響いた雷のような音こそが私の額が天井にぶつかった音でした。それが彼らにとって恐怖であり、〝計画が狂った〟というサインだったのです。

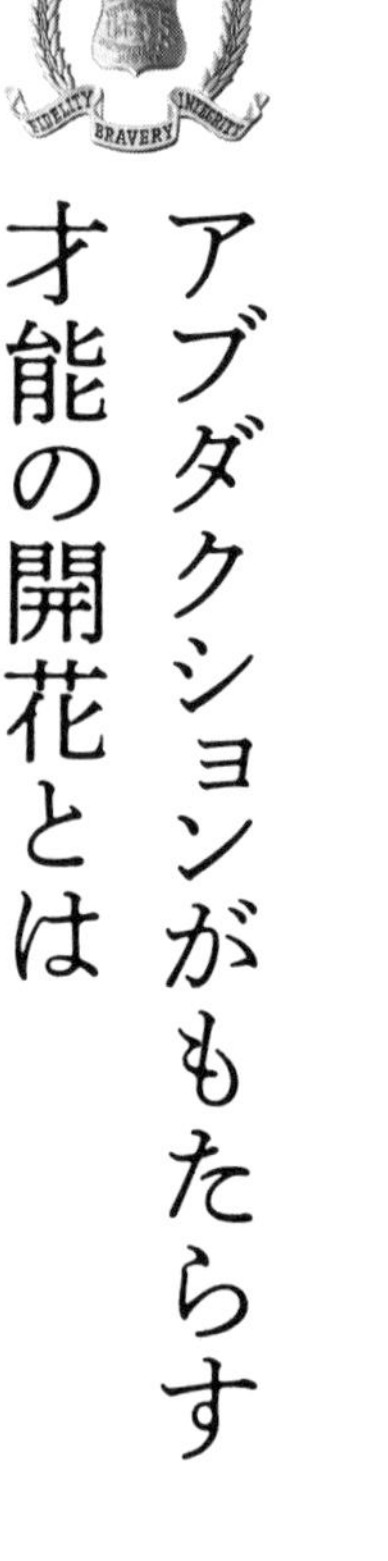

アブダクションがもたらす才能の開花とは

シャラン　エイリアンたちも、想定外の出来事には太刀打ちできなかったのですね。それにしても、戻って来られてよかったです！

ジョン　はい。この時、両親たちは逃げ出せていなかったら、最終的には肉体ごと本当に連れ去られていたかもしれません。というのも、物質的なものは少し遅れながら時間に追随していくからです。つまり、肉体など姿形のあるものは意識の後に少し遅れてついていくので、あと一歩遅かったら、肉体レベルもこの現実から完全に消えていたかもしれないのです。

シャラン　なるほどですね。ある意味、ジョンさんが皆を助けた、ということでもあるんですよね。それにしても、ジョンさんたちが遭遇したエイリアンは、人間の首に鎖をつけるなど乱暴なやり方をしているので、良いエイリアン、悪いエイリアンがいるとしたら、良いエイリアンの方ではないですね。

ジョン　はい。確実に〝悪い方〟ですね。

シャラン　ちなみに、アブダクションは、この時以降はもうなかったのですか？

ジョン　私はありませんでしたが、妹だけは、その後何度もアブダクションを経験することになりました。

シャラン　それは大変だ……。

ジョン　はい。やはり、彼女はその後、いろいろと自分自身で向き合わなければならない問題にも直面したようです。でも私も、このような体験があったことで、大人になりＦＢＩで超常現象の捜査に携わることにもなった、と言えるのです。両親はこの一連の出来事に対して、私にはただ「このことは忘れなさい！」と言うだけで、決して真剣に向き合ってくれませんでした。信心深い両親にとって、この時の体験は〝悪魔のしわざ〟という結論にしかすぎなかったのです。でも、私はこんな体験をしたからこそ、「この世界には、私たちの知らない真実が隠されているのではないか」という疑問を持ちはじめたのです。そして、「もし、本当の真実があるのなら、それを探求したい！」という気持ちになったのです。

シャラン　そうなんですね。ところで、妹さんは、アブダクションをされたことで何かその後の人生に変化は起きましたか？

ジョン　これは妹の変化だけではないのですが、1つだけいいことがあるのです。こういったアブダクションされた人は、何らかの特別な才能がその後の人生で開花する傾向があるのです。

シャラン　それはすごいですね！　妹さんにはどんな能力が芽生えたのでしょうか？

ジョン　それについては、彼女から許可を得ていないので具体的には言えませんが、彼女にもある才能が開花したのは確かです。たとえば、他の人の例で言うと、突然、クリエイティブな才能に恵まれてアーティストになったりした例もあります。ある人は、アブダクション前には地元で作品を発表する程度の画家だったのですが、アブダクション後は有名になって、世界の絵画のマーケットで1枚が5万ドルの価値がつくような絵を描く才能が開花したのです。

人を見極めるように、エイリアンを見極める

シャラン　ほ〜、それはすごいですね！　アブダクションをされたりすると、その後の人生において大きなトラウマを抱えたりもするわけですし、それくらい人生

においてプラスになるギフトが与えられるのも当然といえば当然ですね。

ところで最近は、シリウス、プレアデス、アルクトゥルスなどの宇宙系の存在からのチャネリングの情報なども結構増えてきたんですね。そうすると、スピリチュアル好きな人などは、「宇宙の存在に遭いたい！」とコンタクトを積極的にしたがる風潮にもなってきています。チャネリングなどの情報に慣れている人は、「エイリアンたちは皆、愛と光の存在だ」と信じているわけです。それはそれでいいことだとは思うのですが、これについてはどう思われますか？

ジョン　注意しないといけないのは、私たち人間を助けてくれたり、サポートしてくれたりする良いエイリアンもいれば、悪いエイリアンもいるということです。ですから、コンタクトをすることを簡単に考えるべきではありませんね。というのも、アブダクションされて病気を治してもらった人もいれば、命を救われた人もいます。でも、一方で逆に肉体的にも大きな傷を負い、精神的にも怖ろしいほどネガティブな体験をした人だっているのです。

シャラン　その見極め方みたいなものはありますか？

ジョン　自分自身を磨くことですね。やはり、その人にあった人を引き寄せてしまうので。言ってみれば、人間同士の関係と同じですよ。でも、エイリアンと出会うということは、時空間を超越してしまうことでもあるので、よりギャンブル性の高い危険な出会いにもなりかねない、ということを憶えておくべきです。

シャラン　確かにそうですね。そうすると、その上でエイリアンに遭いたいという人たちは、たとえば、ＵＦＯが頻繁に出没しやすい場所などに行けば遭遇できたりするのでしょうか？

ジョン　エイリアン側からすれば、偶然の遭遇というよりも、向こう側から人を選んでやってくる感じですね。また、場所というよりも、波動の合った人がマグネットのように、こういった現象を引き寄せる傾向がありますね。

シャラン　なるほど。まさに波動の法則ですね。ちなみにジョンさんは、良いエイリアンと悪いエイリアンを見分けられますか？

ジョン　できると思います。たとえば、あなたがとても〝人間好き〟な人だとしましょう。そんなあなただったら、知らない人に出会っても、「この人はいい人そうだな」「この人は信頼できそうだな」ということはすぐに直感でわかりますよね。あなたの愛、あなたの感性がそれを見分けるツールになるのです。私の場合は、犬が大好きなので、犬を一目見れば、その犬がどんなタイプの犬なのか、についてはすぐに見分けることができます。それと同じですよ。

また、街を歩いていると、通りすがりの人たちの中には、ちょっと人間離れをしたような人に出会うこともよくあります。そんな人たちは、いわゆる、エイリアンというかハイブリッドのような存在だと思われるのですが、私の場合は、良い・悪い、というよりもまずは、「とにかく、人間と違う」という感覚を覚えますね。

シャラン　なるほど。結局、エイリアンたちにも〝グッドガイ〟や〝バッドガイ〟がいるということを知っておくことが大事ですね。そして、どんなエイリアンを引きつけるのか、ということに関しても自分次第、ということですね。

ジョン　はい、その通りです。

Chapter

3

「超常現象を認めないFBIで超常現象を捜査する」

超常現象を担当したのは懲罰だった⁉

シャラン　ちなみに、ほとんどの人はキャリア的に30代でＦＢＩに入るのが普通らしいのですが、ジョンさんの場合は、ＦＢＩ史上、23歳という最年少の若さでスカウトされたそうですね。これは、どういうきっかけでスカウトされたのでしょうか？

ジョン　当時、私はまだロースクール（法科大学院）を卒業したばかりで、ニュージャージー州で弁護士の資格を取り、弁護士として働き始めたばかりでした。また、英語以外に外国語が数か国語話せたことと、他にもＦＢＩがスカウトしたくなるような幾つかの資質を持っていました。

シャラン　それは、どのようなものですか？

ジョン　ＦＢＩが欲しがる人材は、たとえば、銃を扱う能力があること、暴力的で危ない場面にも動じずに体力的に対応できる能力があること、高い学位を持った人、弁護士、会計士、また、教師や軍の将校などがあります。私も彼らが求める資質や能力があったのだと思います。

シャラン　ということは、ＦＢＩ側はジョンさんに超常現象を担当してもらうために雇ったわけではないということですね？

ジョン　はい、もちろんですよ（笑）。彼らは、超常現象や説明のつかない現象などのことを最も認めたくない人たちですからね。では、どうして超常現象を扱う部署に配属されたかというと、ＦＢＩのアカデミー時代（研修期間）に、過去に起きた超常現象のケースを学ぶ機会があったのです。その授業の最中に、私はそのケースに興味があったので、何度もしつこく質問をしてしまったのです。すると、その話が本部に伝わってしまったのか、アカデミーを卒業してオフィスに配属される際に、私は超常現象を扱う部署に配属されてしまったのです。でもそれは、彼らにとっては私への懲罰的な意味が込められていたんですよ。

シャラン　ええっ⁉　超常現象を扱うのは懲罰だったんですか？　でもそれが『X-ファイル』というドラマにつながるわけですよね。特に、「シーズン1」の第1話では、主人公のモルダーがうず高く資料が積まれた小さい部屋にいて、そこにパートナーになる捜査官、スカリーが訪ねてくるシーンがありましたね。モルダーがなんだか〝窓際族〟のような扱いを受けている様子がよく出ていました。

ジョンさんの扱ったケースをもとに制作された人気TVドラマシリーズ『X-ファイル（The X-Files）』。1993年から2002年にかけてアメリカで制作されて「シリーズ9」まで制作される大ヒット作品になる。その後、2016年からはミニ・シリーズで「シーズン10」「シーズン11」が制作される。劇中のFBI特別捜査官である主人公のフォックス・モルダー（デイヴィッド・ドゥカヴニー）はジョンさんの体験を参考に描かれている。特に、「シリーズ1」は、ほぼ実際の体験談がもとになっているという。

今でも『X-ファイル』を見ると胸が痛い

ジョン　はい。実際に、私は地下の小さな部屋に押しやられていたんです。今でも『X-ファイル』の最初の頃のエピソードを見返すと、当時のことを思い出して、とても感傷的な気持ちになってしまうんです。ドラマの中では、私はFBIからひどい扱いを受けていますし、パートナー役のスカリーも私とペアを組んだことで、同じようにひどい待遇を受けていますね。そんなシーンを見ていると、思わず悲しくなってしまうんです。でも、結果的に私は、この分野に関してFBIでは唯一無二のエキスパートになっていくわけです。そうすると、FBIにとっても、私は欠かせない人物にもなってくるわけです。なにしろ、FBI内で解明できない事件は私のところに回さないといけなくなってくるわけですから。だから、FBIにとって私はFBI内で最も煙たがられた存在でありつつも、最も重要な存在でもあるという2つの相対する側面を持ち合わせていたのです。

シャラン　そうなんですね。本当は、FBI側も超常現象があることをわかっていても、オフィシャルには認められない、というわけなんでしょうね。そうすると、ジョンさんがFBIに入る前から超常現象のファイルはもともとあったのですね。

ジョン　はい。それに、FBIでは、当初の機密が解除されて公開されているものも多いです。FBIが公開するサイト、「The FBI Federal Bureau of Investigation (https://vault.fbi.gov/)」で読むことができます。やはり、一番人気があるのはUFO関連のファイルのようですね。

FBIのサイトでは、過去に捜査されたケースの資料を無料で見ることができる。UFOのケースは人気が高く、世界中で1億回以上のダウンロードがされている。
https://vault.fbi.gov/

シャラン　ジョンさんが目に見えない世界や超常現象について探求し、貢献してきた数々のケースのレポートもこちらのサイトで見ることができるのですね。

ジョン　はい。おそらく私は、ＦＢＩの歴史において、最も懲罰を受けた捜査官であると同時に、最も数多くの褒章を与えられた唯一の捜査官でもあるのです。２００８年には「テロ対策」の分野において、ＦＢＩの「ベストエージェント賞（ＦＢＩ長官賞）」を授与されました。このケースで何を行ったのかは申し上げられませんが、この時の捜査では多くの人命を救うことができました。

シャラン　それは、素晴らしいですね！　そんな優秀な人だからこそ、この世界には超常現象があることにも気づいている、ということにＦＢＩも気づいてほしかったですね。そういえば、ドラマの中でも、上層部はすでにＵＦＯやＥＴなどの存在を認めていても、あえてモルダーやスカリーに対して見てみないふりをしている、という対応をとっていましたね。たとえば、医師でもあるスカリーがある人物の遺体から解剖して取り出したマイクロチップを上司に渡すと、上司はそれを一応受け取りつつもまったく取り合わなかったのに、後で似たようなチップが保存されている場所に保管しに行ったりしていましたね。

ジョン　はい。でも実は、上司がこういった話にはまったく取り合わない、という話の中には、ある別の事実もあったりします。それは、その上司は記憶を消されていたりしていた、というようなこともあり得るのです。実は、私も同じような目に何度か遭いましたが、常に手帳に細かくメモを書いておく習慣があったので、記憶を消されて憶えていなくても、「こんなことがあったんだ」ということを後で知ることができたのです。実際に、エイリアンとコンタクトや遭遇をしてしまうと、ある種の信号・周波数が送られて、その人の記憶を消してしまうのです。だからこそ、そんな体験をしたら、すぐ直後に内容を書き留めておかないとすっかり忘れてしまうのです。

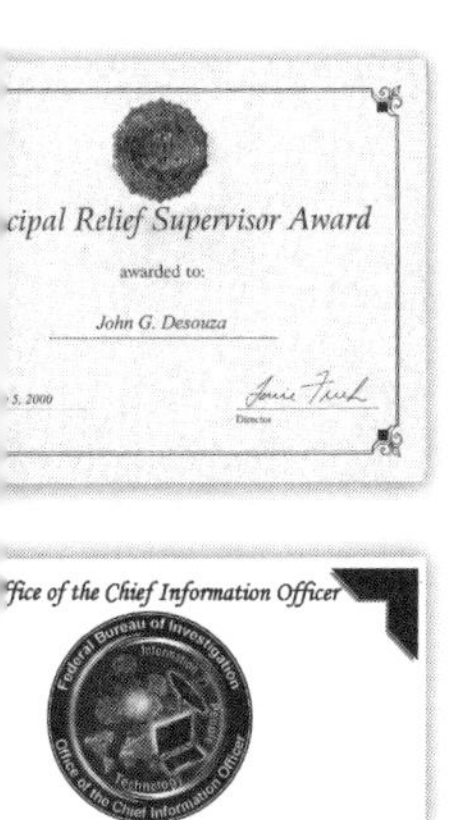
cipal Relief Supervisor Award
awarded to:
John G. Desouza
5, 2000
Director

ffice of the Chief Information Officer
Federal Bureau of Investigation
Office of the Chief Information Officer
This certificate is presented to
John DeSouza
for outstanding efforts in support of the Bureau's mission with valuable contribution to the VCF IOC Beta Test

Archdiocese of Newark
SA John DeSouza
Federal Bureau of Investigation
In appreciation for your assistance in providing security during the visit of His Holiness,
John Paul II
October 4-5, 1995

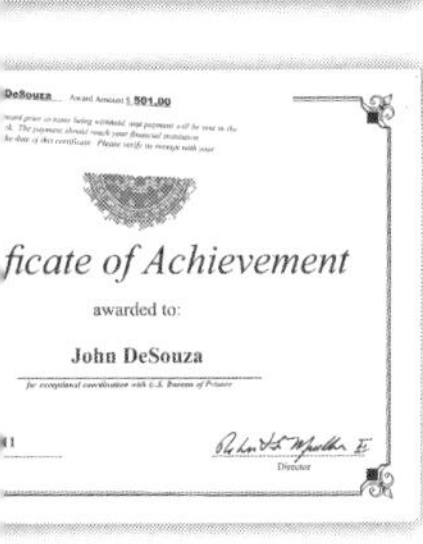
DeSouza Award Amount $ 501.00
ficate of Achievement
awarded to:
John DeSouza
Director

S COUNTY OFFICE OF EMERGENCY MANAGEMENT
NATIONAL ICS TRAINING CURRICULUM
SA John G. DeSouza
ICS Planning Workshop
O'CONNOR
COURSE MANAGER

Time Off Award
In Recognition of
Superior Service
Rendered to the FBI
Presented to:
JOHN DESOUZA
24 hours
Hours
07/29/2008
Date Entered
This Leave Must Be Used Within
One Year of the Date Entered

Recipient's Name John Desouza Award Amount $ 500.00
Certificate of Achievement
awarded to:
John Desouza
July 18, 2008
Director

2008年には「テロ対策」の分野において、FBIの「ベストエージェント賞（FBI長官賞）」を受賞したジョンさん。FBI時代には他にも数多くの賞を授与された。

傭兵(ようへい)に拉致されて拘束・虐待を受けた体験

シャラン　なるほど。『X-ファイル』の中ではそこまで描かれていなかったのですが、そうご説明いただくと腑に落ちる部分もありますね。ちなみに、FBI時代に最も怖ろしい体験をしたのは、どんなケースでしたか？

ジョン　個人的に最も怖ろしい思いをしたケースは、「シーズン1」の「エピソード2（ディープ・スロート篇）」でも描かれている出来事だと言えるでしょう。UFOの目撃が多い田舎町を訪れて現地の調査をしている時に、民間の軍事組織の傭兵たちに拉致され、彼らの基地で拘束されて虐待を受けたことです。

シャラン　ありましたね！　あれは実際に起きたことだったんですか！　あのエピソードでは、モルダーが車を運転中に兵隊たちに捕らえられてストレッチャーに乗せられ注射を打たれて、手術台のような上で何か施術されているようなシーンがありましたね。あれは、米軍関連の組織ではなかったんですね。

ジョン　はい。彼らは黒づくめの軍服のユニホームを着ていたのですが、所属先がわかるＩＤやバッジなどは何も身に着けていませんでした。この時ばかりは、本当に殺されるかと思うような恐怖体験を味わいました。この時、パートナーが私を探しに来てくれなかったら、どうなっていたかわかりません。今でも思い出しただけでゾッとします。彼らは、あまりにもひどい方法で、当時私が調査していたＵＦＯ関連の情報を引き出そうとしたのです。後でわかったのですが、彼らは自分たちがＵＦＯのことを調査しているのではなく、ＵＦＯ関連の情報を持っている人を捕まえて情報を引き出すのが目的だったのです。要するに、彼らは一般人がＵＦＯやエイリアンとコンタクトをすることを怖れて、それを阻止するために動いていた部隊でした。この時、彼らの基地から解放される前に、私はそこでの記憶を消されてしまったので、何があったかは憶えていないのです。

シャラン　ひどい！　まさにドラマさながらの状況だったとは。でもこの時、スカリーが助けに来てくれたんですよね。ドラマでは、モルダーが放心状態でよろよろになって基地から出てきたシーンを憶えています。

ジョン　はい。ドラマの劇中では、モルダーのパートナーはご存じのようにスカリーという女性でしたが、実際のパートナーは元米軍出身の男性だったんです。実はこの時、ＦＢＩ側は私をまったく助けようとしてくれませんでした。元米軍の幹部だったパートナーが軍の上層部にかけあってくれて、私が拉致された基地と交渉してくれたことで私は解放されたのです。彼が私の命を救ってくれたのです。

シャラン　うわ〜、そんな危険な目に遭っていてもＦＢＩは助けてくれなかったんですか。ひどいですね！　ちなみに、その民間軍事施設を管轄していたのは誰なのですか？

ジョン　その時はわかりませんでしたが、彼らこそ、まさにカバールの傘下にあった組織であり、いわゆる彼らの末端の活動部隊の１つですね。彼らは一般人が人間をサポートするポジティブなエイリアンたちとつながることを極端に恐れていて、それを阻止するためなら何だって行う人たちです。この１件以降、その後の人生で彼らとは何度も遭遇することになったので、背景にいる存在などもわかってきたのです。

情報提供者、〝スモーキングマン〟という謎の存在

シャラン　ちなみに、「*メン・イン・ブラック（以下、ＭＩＢ）」と呼ばれる人たちも似たような組織と言えますか？

ジョン　近いと言えるでしょう。彼らはカバール側なので、広義では同じと言えるでしょう。

シャラン　それにしても、こういったことが現実に起きているんですね。本当に現場にいたＦＢＩの捜査官が体験してきたことなので説得力がありますね。

ジョン　ネット社会の今、少しずつ情報もオープンになってきているので、真実に気づきはじめている人も増えてきましたね。実は、当時の私は長年にわたって、ある人物からトップシークレットの情報を入手していました。私に情報提供をしてくれていたのは、「スモーキングマン」というあだ名のある年配の有力者で、彼自身も政府高官の1人でした。彼はいつもパイプをくゆらせていたので、このあだ名がついていたんです。広い人脈を持ち、最高レベルの機密情報にアクセスできた彼は、ありとあらゆる情報を知っていた人です。時には私の敵でもあったのですが、時には私の味方となってサポートしてくれていました。ＦＢＩにいた頃は、私とパートナーは彼からさまざまなことを学びましたね。ドラマ中にも彼を模した人物が描かれていますよ。

シャラン　憶えていますとも！　ドラマの中でもパイプをくゆらせている偉い人がいましたね。権力側でモルダーを見張っているような立場だったと思います。

＊メン・イン・ブラック（MIB）

UFOやエイリアンに遭遇した人の元に極秘エージェントであるMIBが訪れて、彼らに「UFOやエイリアンを目撃したことを他言しないように」などと警告したり、その記憶を消したりする存在たち。

ETの協力で70年代から行われていたクローン実験

ジョン　では、そんなスモーキングマンからの情報で動いたケースを１つご紹介しましょう。これは、ＦＢＩにもファイルが残っていないほどの機密性の高いケースです。それは、１９９１年に旧ソ連軍の大佐であり、かつ「ＫＧＢ（旧ソ連の諜報機関、ソ連国家保安委員会）」の機関員でもあったヴラッドという男性がアメリカに亡命してきたということで、彼を隠れ家にかくまい保護観察するという案件でした。実は、ヴラッドがソ連で携わっていたプロジェクトとは、モスクワの郊外にあるソ連軍の秘密地下基地で、エイリアンがクローン人間を作る実験に協力するというものでした。この秘密基地は、すでに70年代から存在していたそうです。ちなみに、旧ソ連軍と協力関係にあったエイリアンの種族はレプティリアンとグレイであり、彼らはソ連側から国をあげて、まるで名誉ある外交官のような最高クラスの待遇を受けていたそうです。この地球外からの訪問者たちと会えるのは、ソ連軍の上層部の中でも、ほんの限られた数人だったそうです。

シャラン　クローン人間の話は「シーズン1」にもありましたね。これも本当だったんですね。

ジョン　はい。そのストーリーは、この件を部分的に参考にしていますね。とにかく、スモーキングマンからの指令で、私はヴラッド大佐を安全な住処(すみか)に移して数か月間、保護観察をする中で、少しずつ彼と会話をするようになりました。そしてある日、ウォッカが進んだ彼は、私にこっそり次のような機密情報を教えてくれたのです。

それは、旧ソ連軍が路上にいる人々を誘拐して地下のラボ（研究所）に連れてきて、エイリアンたちが遺伝子を操作しながらクローン人間の実験をしていた、ということでした。誘拐してくる人たちはホームレスなどが多く、家族から捜索願いが出されないような人たちを選んでいたそうです。旧ソ連軍は、このような形で実験に協力するという見返りに、エイリアン側から自分たちの栄華が永遠に続くように、地球の技術では到底実現できないようなETのテクノロジーを提供してもらう、という契約をしていたそうです。

ところが、偶然にもある日大佐は、その地下のラボに彼が10代の頃に付き合っていた女性が連れて来られているのを発見してしまいます。そこで、彼は彼女のことをなんとか助けようと試みました。けれども、結果的に2人して捕らえられてしまったので、ヴラッド大佐は自分たちが行っていることを世界に向けて暴露するぞ、と上層部に脅しをかけたのです。その後、彼は1人で脱出するとアメリカ大使館に駆け込んで亡命してきた、というわけです。そこで、旧ソ連軍が彼のことを追いかけていたのでＦＢＩで彼をかくまっていたのです。

シャラン　なんだか、ドラマより現実の方が激しいストーリーですね……。それに、旧ソ連ではすでに70年代からそんなことが行われていたんですね。そうすると、最終的にヴラッド大佐はどうなったのですか？

ジョン　この案件は、スモーキングマンから来た話でもあったので、私はこの話を彼に話してしまったのです。すると、彼は激怒しました。実は、ヴラッドはこの話を決して誰にも漏らさない、という約束を米国側としていたからです。最終的に、ＦＢＩは彼の身柄をＣＩＡに引き渡さなければならなくなりました。それから10日もたたないうちに、彼は〝自殺〟という形でこの世を去ってしまったそうです。

アメリカに亡命してきた旧ソ連軍大佐であり、KGBのオフィサー、ヴラッド。隠れ家で彼をかくまう任務についていたものの、モスクワ郊外で1970年代からソ連軍の協力のもと、エイリアンがクローン人間をつくる実験をしていたことを漏らしてしまい、彼は命を絶たれてしまう。

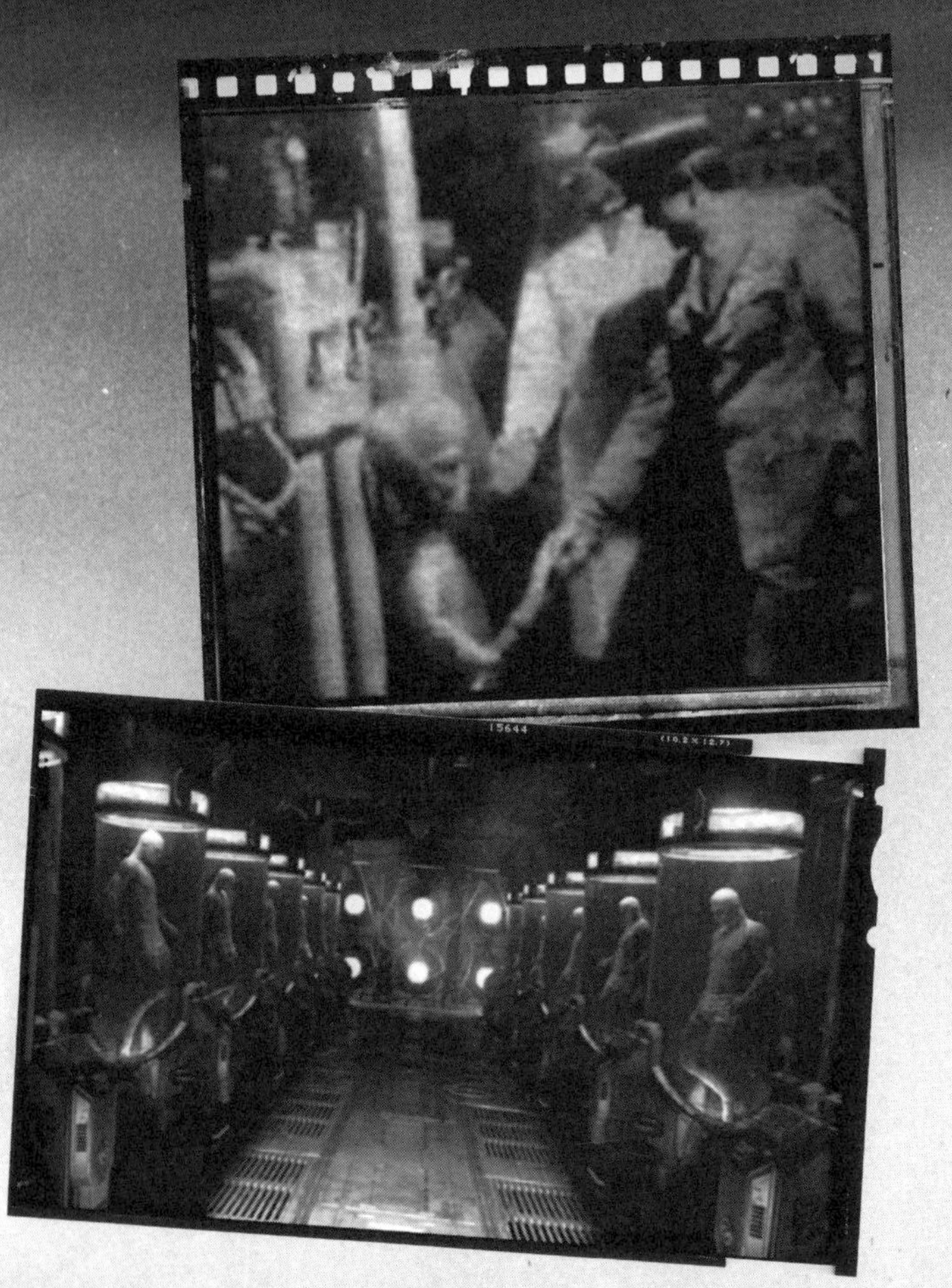

モスクワ郊外の地下で行われていたクローン人間の実験。旧ソ連軍と協力関係にあったグレイ系のエイリアンは、まるで外交官のようにもてなされていたという。

天才のマッド・サイエンティスト、ボイド・ブッシュマン博士

シャラン　そんな……。怖ろしい。スモーキングマンは、本当に容赦ないですね。まさに味方にもなるけれど、敵にもなってしまうような怖い人ですね。ちなみに、アメリカでもネバダ州の空軍の基地、「エリア51」でこのような遺伝子操作を行う実験をしていると聞きましたが、どうなんでしょうか。

ジョン　はい、正しいですね。２０１４年に亡くなりましたが、航空宇宙科学者で大手の航空宇宙関連の企業数社で上級科学者を務めていたボイド・ブッシュマン（Boyd Bushman）という博士がいます。彼はまさに偉大なる天才と呼べるような人で、もともとは航空業界の大手で働くエンジニアでしたが、自分の仕事よりも、ＵＦＯやエイリアンに対する興味関心が強くて、ＦＢＩにＵＦＯやエイリアン関係の調査に対して有益な情報を提供してくれていた人でした。私たちは何年もの付き合いがありましたが、彼こそがアメリカ国内の最高機密レベルのＵＦＯやエイリアンの情報にアクセスでき、またその研究にも自ら関わっていた人です。彼はアメリカでヒットしたドラマシリーズの『*フリンジ（ＦＲＩＮＧＥ）』でマッド・サイエンティストのウォルター・ビショップ博士というキャラクターのモデルにもなった人です。ドラマの『フリンジ』は見たことありますか？

シャラン　はい、あります！　なんと、あのドラマに出てくる変人でユニークなウォルター博士は、ボイド・ブッシュマン博士がモデルだったんですね！　いつも赤い棒状のグミのようなキャンディ（リコリス菓子）を食べていた人ですね。憶えています。

ジョン　はい。いつもそのキャンディを食べてましたよ。だから、彼が何を言っているのか、よく聞き取れないこともよくありました（笑）。そんな彼は、アメリカのネバダ州のエリア51において、エイリアンたちの協力のもとに反重力や、テレパシー他さまざまな実験をしていた人です。私は、彼からグレイと彼らの宇宙船の写真を見せてもらったこともありますよ。

そして、そんな彼こそが、まさに旧ソ連軍が行っていたことと同じことをエリア51でも行っていたのです。要するに、実際に人々を誘拐してきて、地下のラボでミュータント（突然変異体）実験をしていたのです。彼は亡くなる前に自分が行ってきたことをビデオで告白しています。ちなみに、この写真（次ページ参照）は、実際にブッシュマン博士が撮影したエイリアンです。

＊『フリンジ（FRINGE）』

SFサスペンスドラマシリーズとしてヒットした作品で、本国アメリカでは2008年から2013年まで放送（全5シーズン）。『フリンジ』というタイトルは、「非主流科学（fringe science）」を意味する。国土安全保障省の下で活動するFBIのフリンジ・チームの活動を描いたドラマ。

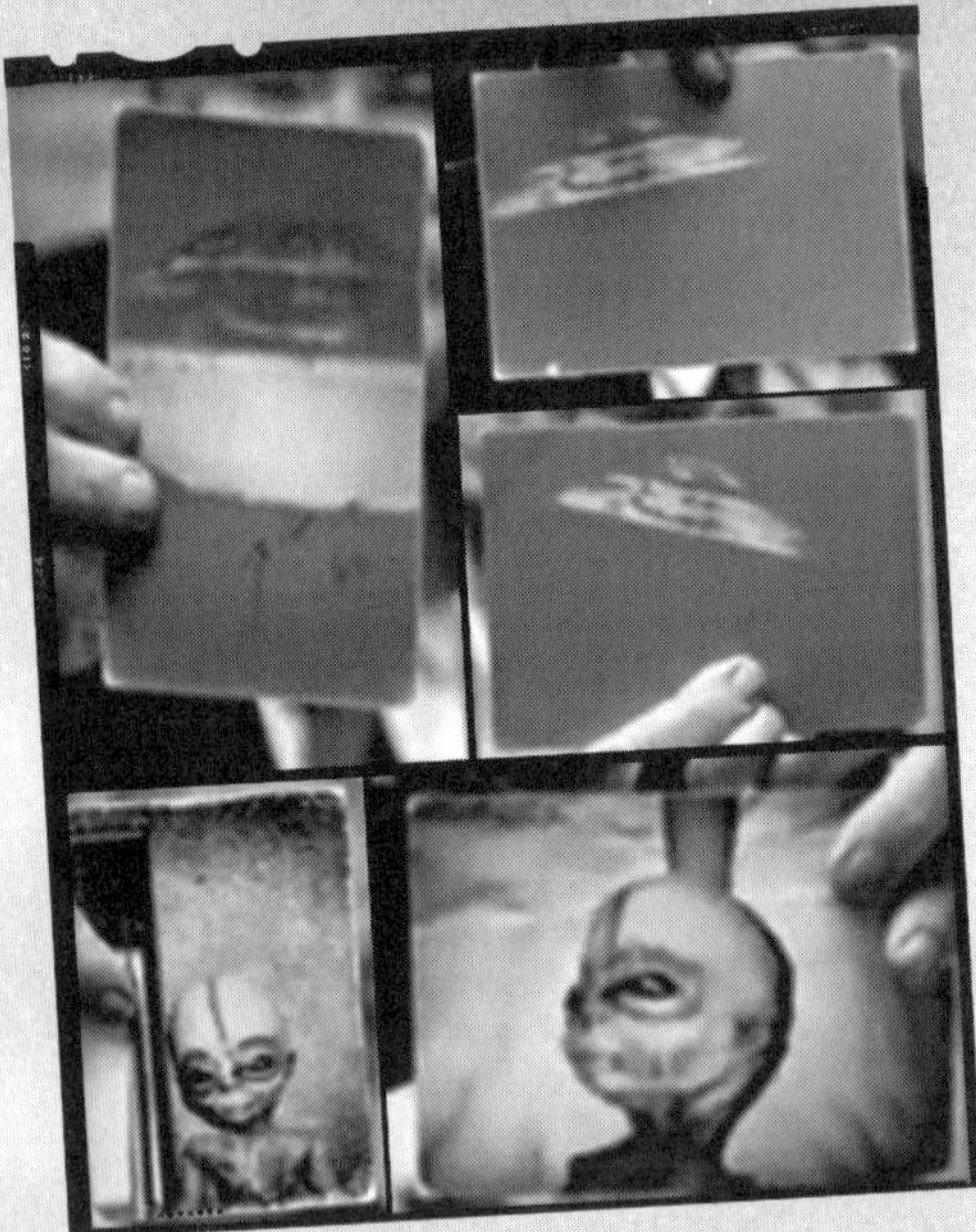

ボイド・ブッシュマン博士が掲げるエイリアンの写真。天才でマッド・サイエンティストだったブッシュマン博士は、ある日突然、UFO関連の機密情報を公開しはじめる。

情報かく乱のために、おもちゃのエイリアンを販売

シャラン　この3体あるエイリアンの写真（100ページ参照）のうち、どれが本物のエイリアンですか？

ジョン　一番左です。そして、真ん中がアメリカの大手スーパーマーケットの「ウォルマート」で売られていたおもちゃのエイリアン、そして右側がやはりスーパーの「Kマート」で売られていた同様のおもちゃの人形です。この写真が何を意味するかと言うと、先ほどマッド・サイエンティストとお伝えしましたが、ブッシュマン博士は本当に奇人変人で、あるとき、彼はトップシークレットの機密情報を一般に向けて勝手に公開しはじめたのです。それは、ある意味彼がこれまで行ってきたことの自白のようなものだったのかもしれませんが……。ついに、ＦＢＩも彼のことをコントロールできなくなってしまいました。

そんな様子を見て、カバール側はすぐに手を打ちました。自分たちの権力の傘下にあるアメリカ全土をカバーするスーパーマーケットチェーンなどにおいて、彼が公開したエイリアンとそっくりのおもちゃをすぐに製造して販売しはじめたのです。これは、人々にブッシュマン博士の言うことはいんちきだ、と思わせるように仕向けるためです。

シャラン　情報をかく乱させて大衆を混乱させようという作戦ですね。でも、なんだかカバールの対応もちょっと笑えるのですが……。ちなみに、このエイリアンのサイズはどれくらいですか？

ジョン　120センチくらいでしょうか。

シャラン　ちなみに、ジョンさんが小さい頃に自宅にやってきた時のエイリアンも、この写真と同じようなタイプでしたか？

ジョン　はい、一番左のタイプでしたね。それにしても、もし、まだ博士が生きていたら、彼しか知りえない機密情報をもっと語ってくれただろうと思うと残念です。彼は、本当に時間を忘れて何でも語るような人でしたからね。

シャラン　実際には、語りすぎる部分もあったんでしょうけれど、まさに天才型のマッド・サイエンティストですね。彼を偲(しの)んで、ドラマの『フリンジ』もまた見直してみたいと思います。

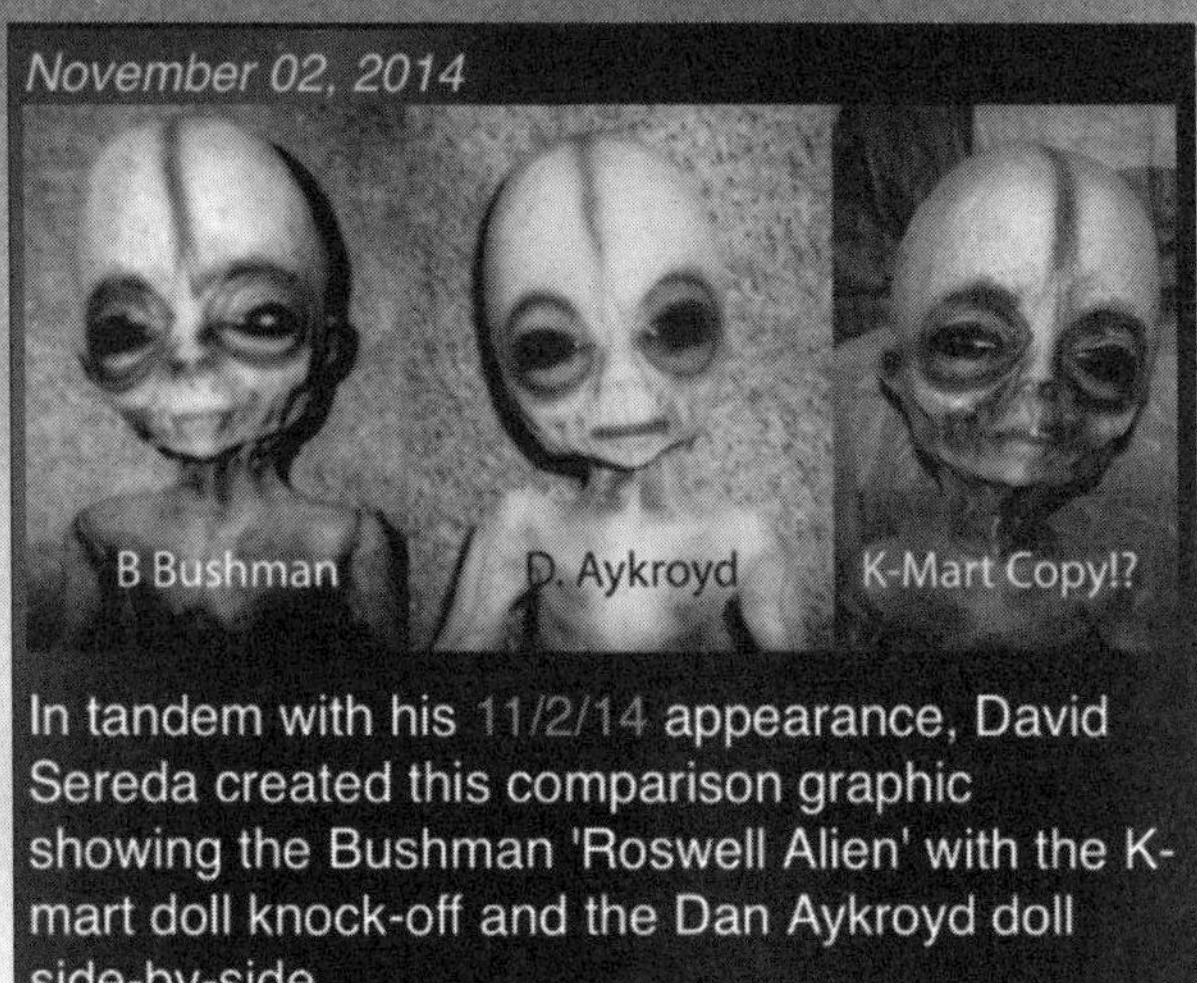

ボイド・ブッシュマン博士がエイリアンの写真を公開したことで、カバールが早速、おもちゃのエイリアンを製造して販売する。
真ん中がスーパーの「ウォルマート」､右側が「Kマート」で売られていたブッシュマン博士そっくりのおもちゃ。左側が本物のエイリアン写真。

Chapter

4

FBI特別捜査官は見た！ 機密UFOファイルを公開

ＵＦＯやエイリアンは別次元からやってくる

ジョン

私は自分の体験からも、ＵＦＯやエイリアンは別の次元からやって来る、と信じていますが、これについては、ＦＢＩの正式な資料としても報告されています。これは、私が超常現象を扱うことになり、最初に捜査をした事例の１つですが、先にご紹介したＦＢＩのサイトでも見ることができるものです。この資料（１０４ページ参照）には、かつて別のＦＢＩの捜査官が１９４７年に報告したエイリアンに関する内容が書かれています。これは、その捜査官がある情報提供者から教えてもらった内容が報告されているわけですが、その情報提供者こそがエイリアンだったというのです。

この書類の中で重要なポイントとは、いわゆる私たちがＵＦＯやエイリアンと呼んでいる存在たちは、私たちの宇宙や銀河系から飛来してくるものではなく、別の次元からやってくる存在たちである、ということです。彼らはこの次元に来れば私たちのように肉体を持つことも可能であり、また同時に非物質の存在でもあるのです。彼らは、「プラズマ（固体・液体・気体に続く物質の第４の状態）」のようなものから成っている、とされています。

シャラン　今からすでに70年以上も前に、そんなことが報告されていたんですね。ある意味、政府の上層部は相当前から地球外の存在のことを認識していたということになりますね。それに、ジョンさんがアブダクションされそうになった時の体験談からしても、エイリアンたちは別次元から出入りしていることは明らかですね。

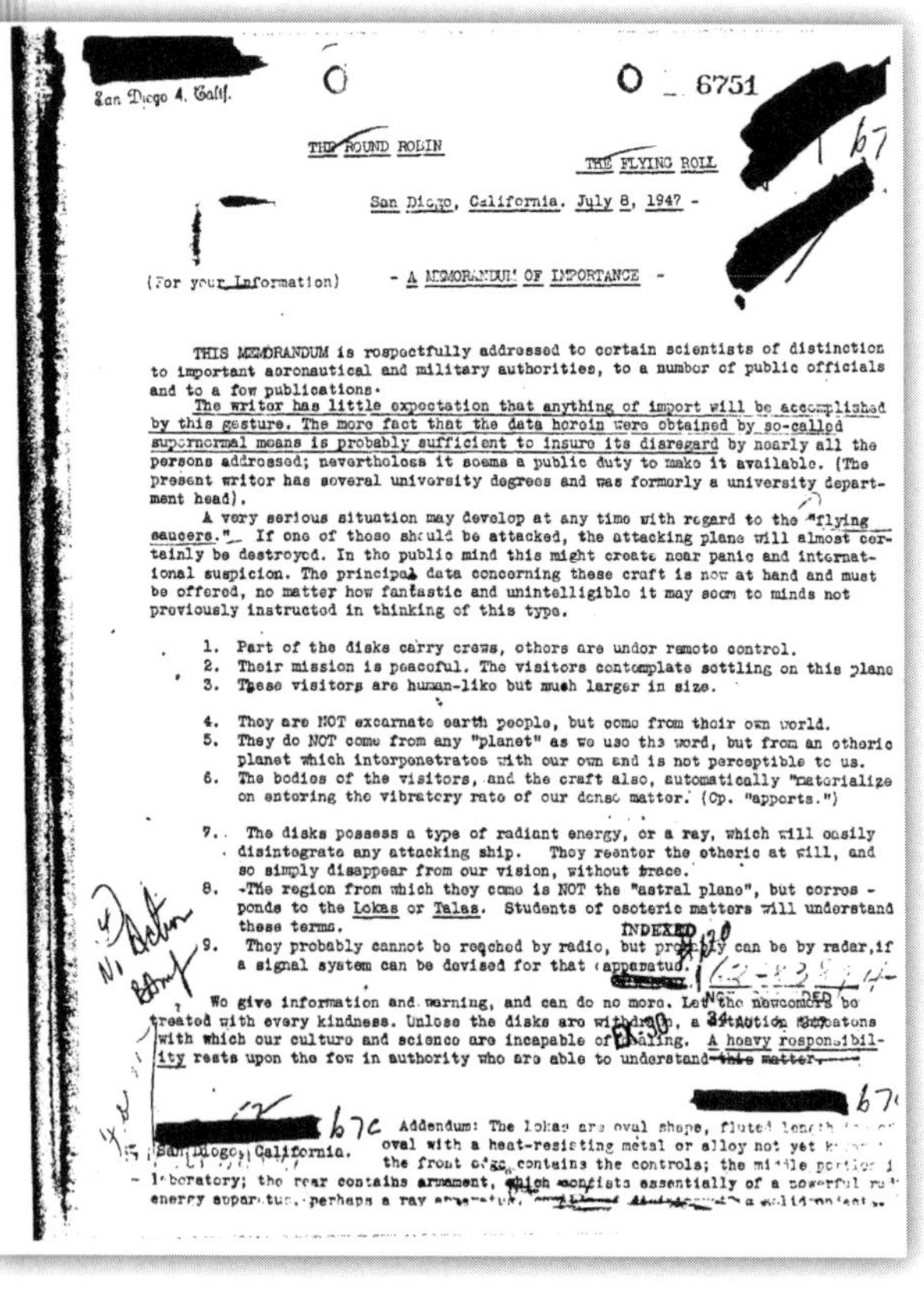

San Diego 4, Calif.

6751

THE ROUND ROBIN

THE FLYING ROLL

San Diego, California. July 8, 1947 -

(For your Information)

- A MEMORANDUM OF IMPORTANCE -

THIS MEMORANDUM is respectfully addressed to certain scientists of distinction to important aeronautical and military authorities, to a number of public officials and to a few publications.

The writer has little expectation that anything of import will be accomplished by this gesture. The mere fact that the data herein were obtained by so-called supernormal means is probably sufficient to insure its disregard by nearly all the persons addressed; nevertheless it seems a public duty to make it available. (The present writer has several university degrees and was formerly a university department head).

A very serious situation may develop at any time with regard to the "flying saucers." If one of those should be attacked, the attacking plane will almost certainly be destroyed. In the public mind this might create near panic and international suspicion. The principal data concerning these craft is now at hand and must be offered, no matter how fantastic and unintelligible it may seem to minds not previously instructed in thinking of this type.

1. Part of the disks carry crews, others are under remote control.
2. Their mission is peaceful. The visitors contemplate settling on this plane
3. These visitors are human-like but much larger in size.

4. They are NOT excarnate earth people, but come from their own world.
5. They do NOT come from any "planet" as we use the word, but from an etheric planet which interpenetrates with our own and is not perceptible to us.
6. The bodies of the visitors, and the craft also, automatically "materialize on entering the vibratory rate of our dense matter. (Cp. "apports.")

7. The disks possess a type of radiant energy, or a ray, which will easily disintegrate any attacking ship. They reenter the etheric at will, and so simply disappear from our vision, without trace.
8. The region from which they come is NOT the "astral plane", but corresponds to the Lokas or Talas. Students of esoteric matters will understand these terms.
9. They probably cannot be reached by radio, but probably can be by radar, if a signal system can be devised for that apparatus.

INDEXED

We give information and warning, and can do no more. Let the newcomers be treated with every kindness. Unless the disks are withdrawn, a situation threatens with which our culture and science are incapable of dealing. A heavy responsibility rests upon the few in authority who are able to understand ~~this matter.~~

b7C

San Diego, California.

Addendum: The lokas are oval shape, fluted length [illegible] oval with a heat-resisting metal or alloy not yet k[illegible] the front edge contains the controls; the middle portion [illegible] laboratory; the rear contains armament, which consists essentially of a powerful [illegible] energy apparatus, perhaps a ray apparatus. [illegible]

FBIのサイトでも読むことができる1947年の報告書。UFOが別次元からやってきていることがレポートされている。

NASAがUFOの存在を隠蔽した「ロープ事件（Tether Incident）」

ジョン　では、FBI時代に私が実際に体験した幾つかのUFOのケースをご紹介しましょう。最初は、1996年に起きた「ロープ事件（Tether Incident）」というものです。この画像（108ページ参照）は、NASAによるものです。宇宙空間に20キロメートルくらいのロープ状のようなアンテナがあるのですが、これはNASAが初めて電力と磁力を一緒にケーブルに流して行った実験です。この時、アンテナが発信していた電磁波の信号が干渉波になり、同じ宇宙空間にいたUFOを妨害してしまったのか、このアンテナにたくさんのＵＦＯがまるで磁石に引き付けられるように、わらわらと集まってくるのがわかります。中には、はっきりと目に見えるものや、直径が４００メートルもある巨大なＵＦＯも近寄ってきています。

シャラン　これは、一般にはＵＦＯとしては公開されなかったのですよね。

ジョン　はい、もちろんです。実は、これが起きるまでＮＡＳＡは彼らの衛星を民間のサーバーと接続していたのですが、この１件が起きて以来、それをやめました。以降は、このようなことが起きても外に情報が漏れないようにするためです。ちなみに、ＮＡＳＡはこの現象について、「これらのＵＦＯのように見えるものは、すべて〝宇宙のゴミ〟である」という発表でした。この時、ＵＦＯが何百機も集合して、各々の宇宙船から信号が発信されている事実も彼らはわかっているのですが……。

シャラン　これは、どこの宇宙空間ですか?

ジョン　わかりませんが、近くに太陽が見えているのはわかりますね。この映像自体がフェイクだともいわれていますが、NASAの大きなスクリーンで職員たちがこの現象を見ている画像もあります。この時、FBIの同僚や、各国の諜報部員たちとも「この情報がオープンになってしまったら、どうする⁉」と焦ったものです。結果的にこの一件は、当時のクリントン大統領にまで伝わりましたが、彼は「心配いらないよ、NASAが上手く隠してくれるよ」と言ったとのことで、まさにその通りになってしまいました。

シャラン　これを〝宇宙のゴミ〟として片づけるには、あまりにも子どもじみていると思うのですが、そんな稚拙（ちせつ）な処理がNASAや政府のトップでまかり通っているというのもなんだか悲しいですね。

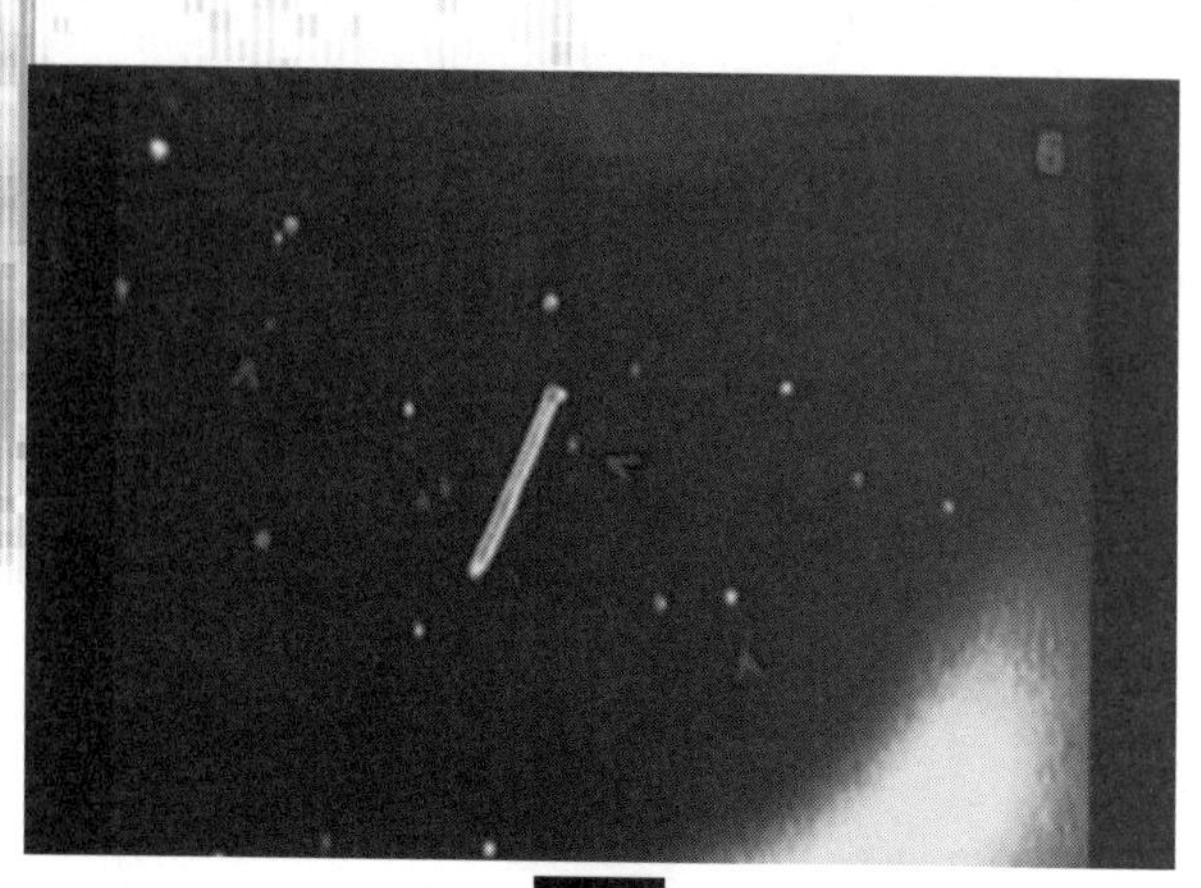

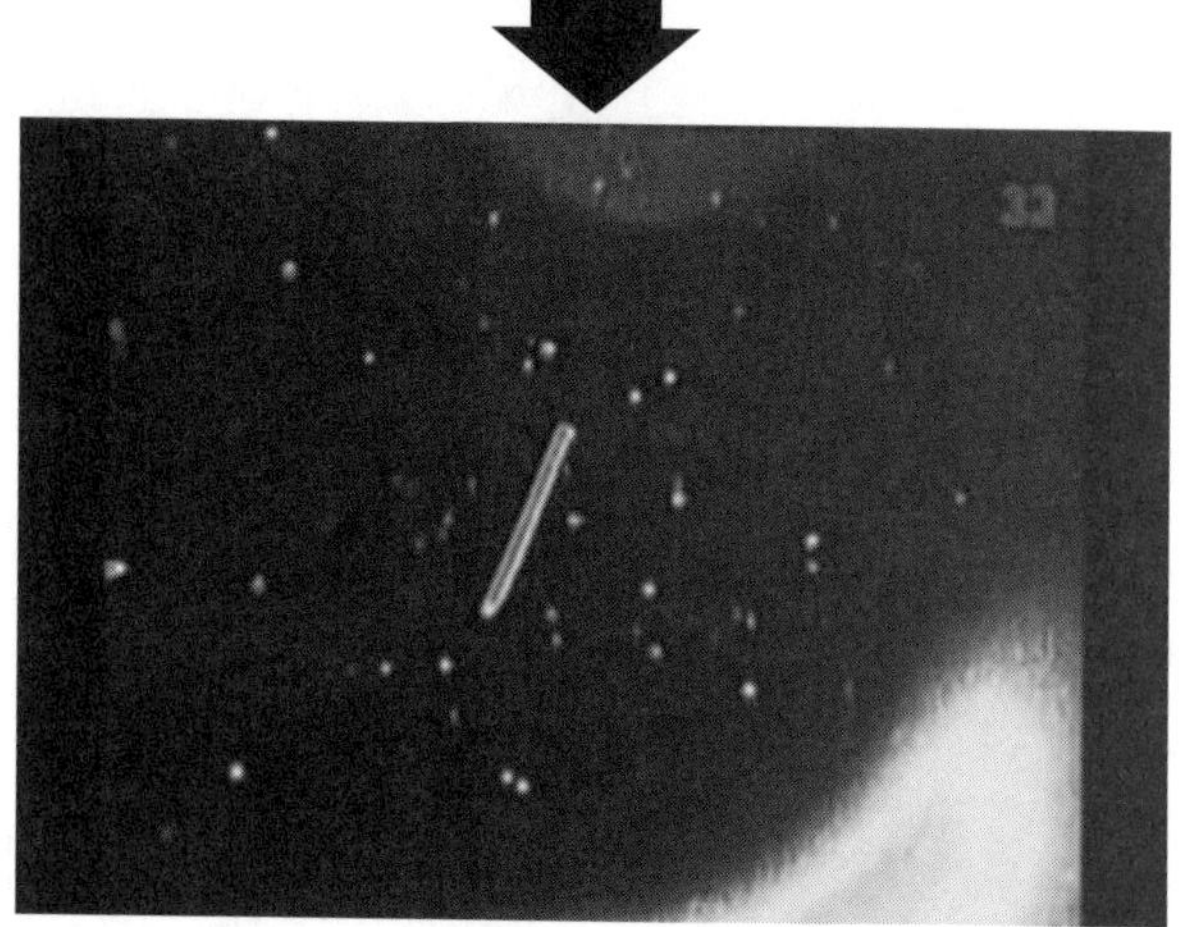

NASAがUFOだと確認しながらも隠蔽した1996年の「ロープ事件」。ロープ状の白いアンテナの周囲にある白いドットがUFO。
動画では何百ものUFOがロープ状のアンテナに近づき、うごめいている様子がわかる。中には巨大なUFOも。

各国の諜報機関も認めたUFO

ジョン　次に、これは各国の諜報機関も認めたUFOの映像（画像は111、112ページを参照）です。これは、トルコで2007、2008、2009年に撮影されたUFOの動画、そして、イスラエルのエルサレムの「岩のドーム」あたりで撮影されたUFOの動画です。

シャラン　これは、はっきりとわかりますね！

ジョン　このUFO動画は、各国の諜報機関もUFOだと認めたほどはっきりと映っているものです。私も参加していたのですが、アメリカのFBI、CIA、イギリスのＭＩ－５（英国機密諜報部）、カナダのＣＳＩＳ（カナダ安全情報局）、イスラエルのモサド（イスラエル諜報特務庁）とも一緒になって「一般の人に、これを知らせないようにするには、どうすればいいか」という話し合いも持たれたほどです。一同は皆、「ついに、エイリアンたちがコンタクトをはじめるのではないだろうか。これまで我々が長年にわたって隠し通してきたことが暴かれるのではないか」と心配していました。

シャラン　なるほど。そういう心配なんですね。

ジョン　トルコのＵＦＯの映像には、コックピットに2体のエイリアンが映りこんでいるのも見ることができるんですよ。

シャラン　この動画はネット上にもありますね。私も後でまた、目を凝らして見てみたいと思います。

2009年の5月に数日間にわたり、深夜から明け方まで撮影された数タイプの動画より。コックピットには2体のエイリアンを確認することができる。

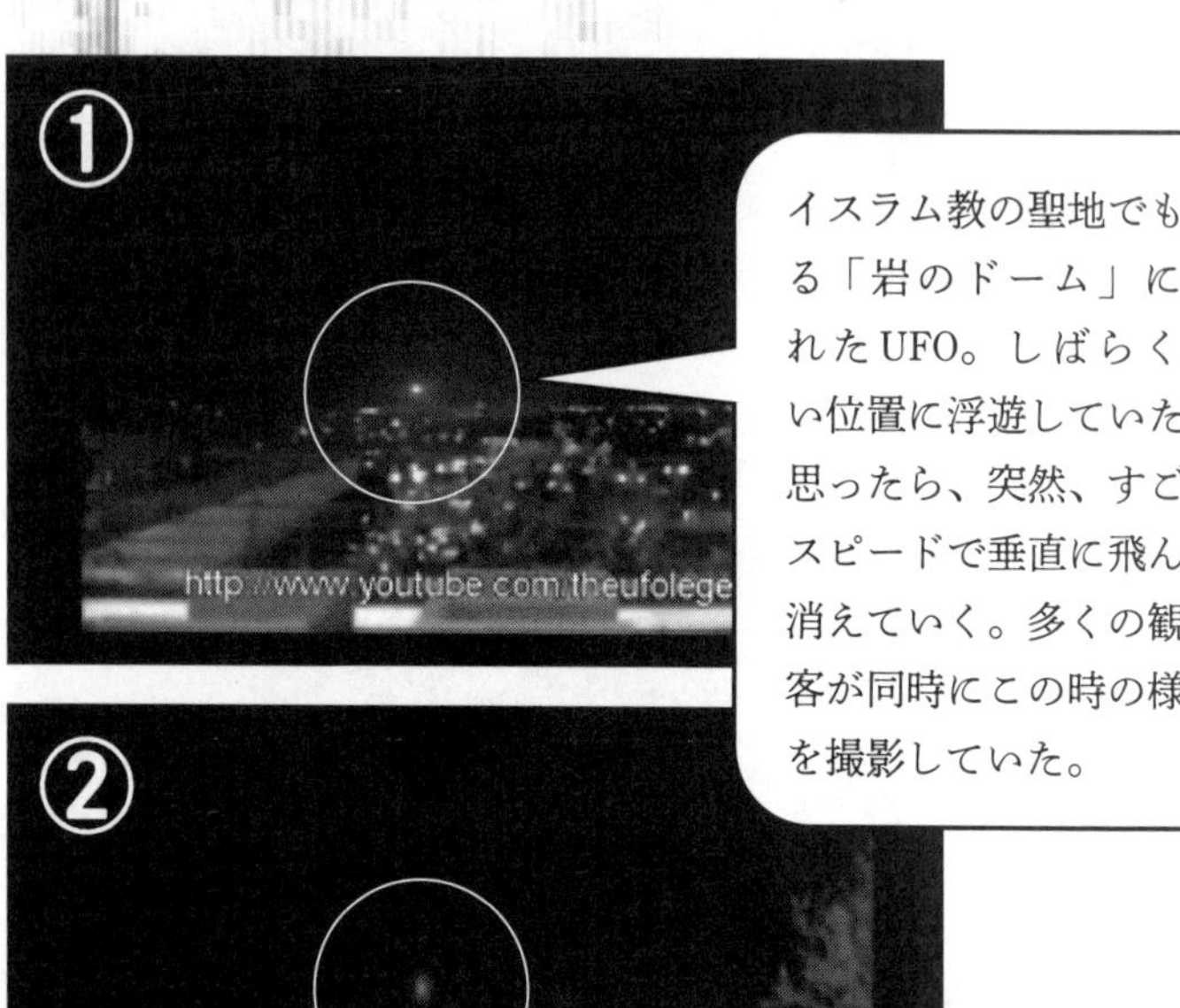
①
②
イスラム教の聖地でもある「岩のドーム」に現れたUFO。しばらく低い位置に浮遊していたと思ったら、突然、すごいスピードで垂直に飛んで消えていく。多くの観光客が同時にこの時の様子を撮影していた。
http://www.youtube.com/theufolegend

③
http://www.youtube.com/theufolegend

540メートルの超巨大なUFOがカナダに出現

ジョン　では次に、UFOが公衆の面前に堂々と姿を現したという意味では、これまでのUFOの歴史の中でも、最も大きなケースと言えるものをご紹介しましょう。このケースも、『X-ファイル』の中でも部分的に使われています。

1990年11月7日の夜にカナダのモントリオールのホテル、「ホテル ボナベンチャー モントリオール」の上空でそれは起きました。このホテルは、カナダでもその規模も大きく、ハイクラスなホテルとしても有名です。この時、私は年に2回仕事でカナダに行く用事があり、その時期、ちょうどカナダに滞在していたので、すぐに現地に駆けつけました。上空から写した写真の真ん中にホテルがあるのですが、ホテルの上に幅が540メートルもあるサイズの巨大なＵＦＯが現れたのです。この時も、やはりＵＦＯは一緒に雲を伴って現れてきたのですが、なんと、ＵＦＯは3時間もそのままの状態でそこに留まっていたのです。

シャラン　大きな都市に3時間もいたということは、目撃者も多かったでしょうね。

ジョン　はい。当日、ホテルには宿泊者も含めたくさんの目撃者がいました。たとえば、屋上にはプールがあったので、屋上にいた人たちや、自分の部屋から上空に向けて撮られた写真などもたくさんありましたが、近くからだと光の量がすごすぎて、結果的によくわからない写真ばかりが撮れてしまったようです。唯一、遠くから撮られた写真（左ページ下）があって、この写真だとＵＦＯの光が3つきちんと撮れています。

シャラン　本当ですね。これだとはっきりわかりますね。

モントリオールのホテルの上空に突如現れて 3 時間も留まった UFO。矢印のサイズ（540 メートル）もある巨大な UFO だった。

ホテルの真下からは光量がすごすぎて写真が撮れていない中、かなり遠方から撮れた 1 枚の写真。円盤の下方にある 3 つの光が写っている。

ジョン　そして、ここからが面白いのですが、この時、情報収集をするために目撃者にインタビューをすることになったのです。すると、彼らは口々に「すでにFBIの人たちが来て、私たちが撮った写真や、カメラなどはすべて持って行きましたよ！」というのです。彼らは皆、黒づくめの服を着ていたというのです。

シャラン　出ましたね。MIBですね！

ジョン　そうです。UFOの写真など証拠になるようなものは、すべて彼らが一足先に没収していたのです。そこで、FBIを装ったMIBの正体を確かめようと現場に設置されていた監視カメラなどもチェックしましたが、彼らが現れていた部分の映像だけがカットされているのです。このことをスモーキングマンに報告すると、「心配しないで大丈夫だよ。彼らは私のために動いているんだから」と言うのです。そして、この件はこれにて終了、ということになってしまいました。

シャラン　えっ？　そんな。ＭＩＢはカバール側の活動部隊のはずですよね。そうすると、このスモーキングマンはカバール側でもあったということですか？

ジョン　ある意味、そうとも言えます。

ＭＩＢは死人が生き返ったゾンビたち!?

シャラン　両サイドを調整するリエゾン（仲介役）みたいな立場なのでしょうか。ということになると、ＭＩＢとは、いったい、どんな人たちがこの役目を果たしているのでしょうか。ハリウッドでは、『メン・イン・ブラック』として、すでに何作もシリーズになっているほどの人気のある映画ですよね。映画の中でも同じように、ＵＦＯやエイリアンに遭遇した人の元に現れて、その人の記憶を消したりしていましたね。映画でも同じように、黒づくめの背広に身を包んでいますよね。

ジョン　はい。現実の世界のＭＩＢも大型のクラシックなアメ車に乗っている、というところまで映画と同じですよ（笑）。着ている黒いスーツもちょっと時代遅れの古いもので、顔には大きすぎるサングラスをかけているのも特徴です。ＭＩＢに関しては、これは私の仮説ですが、彼らはエイリアンたちがある種のテクノロジーで死人を生き返らせて、ロボットのように操っているのではないかと思っています。

シャラン　そ、それは突飛すぎませんか⁉︎　ジョンさんはれっきとした元ＦＢＩのエージェントですよね！　そんなことを言っても大丈夫ですか（笑）。ということは、ＭＩＢは死体が生き返った〝ゾンビ〟ということになりますが……。

つまり、エイリアンたちが墓地を掘り起こして、棺桶から人間の遺体に何かエネルギーを注入して生き返らせてロボット化させているのですか？

ジョン　そういったプロセスまではわかりませんが……。なぜ私がそう判断しているかというと、まず、彼らに関する情報があまりにも少ないというのがあるのですが、ＭＩＢに会った人たちの証言のほとんどが、彼らの特徴として顔色や肌が不自然なほど青白い、血の気がなくて死人のようだった、というような感想を述べています。同時に彼らは死んだ魚のような悪臭を放っている、と言うのです。また、彼らとやりとりをした人の多くは、その後体調を崩したり、病気になったりする人もいました。

何より、あのボイド・ブッシュマン博士が、「ＭＩＢは死体に命を吹き込まれて生き返らせられた存在たちだ」と言っていたんです。彼いわく、ある種の放射線とエイリアン・テクノロジーを組み合わせれば、そんなことさえも可能だと言うのです。ただし、ＭＩＢは人間と比べてその能力にも限りがあり、知能なども低い、といわれています。

シャラン　いや〜、ブッシュマン博士が言うのなら、本当かもしれませんね！　ちなみに、ＭＩＢは人間と比べてどんな能力に限界があったりするのですか？

ジョン　たとえば、彼らと実際に話した人が言うには、彼らはエイリアン・テクノロジーに関して、それがどんな働きをするか、などということに関しては非常に詳しく洗練された説明ができたりするそうです。けれどもその一方で、話の流れの途中で、「○○さんは、今、バケーションでいないんだよ」などという会話をすると、「バケーションって、何？　意味がわからない」などと聞いてきたというのです。つまり、彼らは人間の日常生活に関する知識や情報などが脳の中に入っていないのです。

ＭＩＢはエイリアン・テクノロジーを手にした途端にやってくる!?

シャラン　ほ〜。なかなかリアルですね。ちなみに、ジョンさんは実際にＭＩＢに遭遇したことはありますか？

ジョン　最低でも1度だけあります。でも、それは私の手帳に書かれているからそう言えるのです。かつて、ＦＢＩ時代にあるエイリアン・テクノロジーを入手して秘密裏に輸送している際、運転中に私の車をブロックするように阻止して、止まった車から出てきたのが数人のＭＩＢでした。その時、私は数人の他の捜査官たちとも一緒にいましたが、揃ってＭＩＢから催眠術をかけられたようになってしまい、意識ももうろうとしてしまったのです。その時の状況を説明すると、目を開けた状態なのに、なんだか眠っているような感覚になったのです。そんなことも彼らは可能なのですよ。

結果的に、この時、私たちが輸送していたエイリアン・テクノロジーは、彼らにすべて奪われてしまいました。それが起きた時、私はすべてを忘れてしまう前に、すぐに手帳に何が起きたかを書き留めておいたので、このことが起きたことをかろうじて憶えているのです。もしかして、他にも遭遇したことがあるかもしれませんが、メモをしていないことはわかりません。ＭＩＢに記憶を消されているかもしれないからです。

シャラン　そうなんですね。実は、ＭＩＢに関しては、日本にも似たようなエピソードがあるんです。１９７０年代なのでかなり前の出来事ですが、ある中学生の少年がＵＦＯを撮影したら、ＭＩＢのような存在がその少年の自宅までやってきたという話で、その少年もその後、行方不明になってしまった、というエピソードです。また、ＵＦＯを撮影した直後にＭＩＢらしき男たちに声をかけられて、ＵＦＯを撮影したフィルムを捨てたことで難を逃れた、という話もあったりします。これは、書籍（怪談を集めたシリーズ本、『新耳袋（角川文庫）』の『新耳袋・第四夜（木原浩勝・中山市朗 著）』に「黒い男たち」として掲載）で紹介されています。

ジョン　日本においても、そんなふうにＭＩＢの存在や彼らの実態が明らかになるのはいいことだと思います。とにかく、ＭＩＢに会っていいことなどひとつもないのですから。できるかぎり、彼らとの接触は避けた方がいいです。

シャラン　ＭＩＢについて確実に言えることは、あれは映画で描かれるエンタメの世界だけではない、ということですね。

ジョン　彼らは、もしエイリアン・テクノロジーを手にした人がいたら、どこにいても、すぐにやってきますよ。たぶん、彼らはそのテクノロジーが発する周波数を何らかの形でキャッチするのだと思います。

シャラン　怖いです！　そして、そんな彼ら自身もエイリアン・テクノロジーによって創られているわけですからね。ちなみに、エイリアン・テクノロジーにはどんなものがありますか？

ジョン　いろいろありますが、たとえば、未来を見ることができる「ルッキンググラス・テクノロジー」などがありますね。これは、現在、トランプ大統領も使っているといわれています。つまり、未来を予見して、その上で行動する、ということをやっています。この技術は、２年前まではまだカバールだけが使っていましたが、今はアライアンス側の手に渡りました。

他にも、テレポーテーションができる「ジャンプ・プラットフォーム」と呼ばれるものがあります。

これは、地球から火星へ飛べるもので、こちらはまだカバール側のみが使っています。

シャラン　火星で彼らは何をしているのですか？

ジョン　いわゆる鉱石のマイニング（採掘）ですね。自分たちに必要な貴重な金属・ミネラルなどを手に入れるためです。火星へ行くのはそれだけが理由ですね。他には、病気の治癒が可能になる「クリスタル・チェインバー」などもあります。

シャラン　いろいろありますね。エイリアン・テクノロジーについては、後ほど、またじっくりとお話を伺ってみたいと思います。

Chapter

5

ここ数年
頻発して起きる
「ポータル現象」
とは?

深夜のＮＹに突如発生した「ポータル現象」

ジョン　では、ここ最近、私が調査しているある現象をご紹介しましょう。これは２０１８年12月27日の深夜２時、ＮＹの夜空に突如現れたポータルの画像（１３２ページ下の写真参照）です。この日、夜空を覆うほど巨大な雲のように見えるポータルが現れました。街の光の消えた真っ暗な夜空に突然、誰かが電気のスイッチをオンにしたかのように、巨大な範囲で青白い光が現れたのです。この時、肉眼では見えませんが、録画された動画や写真では、ポータルから出てきたＵＦＯが飛んでいるのを確認できます。ＵＦＯは物質的なものではなく、非物質のものであり、これらのポータルを通じて別のリアリティ、別の次元からやってくるのです。この時、ＮＹでこの現象を目撃した人たちは各々の携帯などで、この時の状況を映像に収めており、それらはたくさん記録に残っています。

シャラン　ポータルは、この次元と別の次元とをつなぐために開くわけですね。そして、そこからＵＦＯがやってくる、ということですね。それにしても、ＮＹという大都会で起きたなら、目撃者もたくさんいたでしょうね。

ジョン　はい。そしてこれが、ポータルが発生する際に起きる１つの典型的なパターンなのですが、この日のＮＹにおいても、ポータルが開いた後に、空からレーザーの光のようなものが落ちてきて、地上にある変電所のような場所を爆破して火災が起きたのです。ちなみに、このレーザーのような光線は、まったくポータルとは関係のないもので、カバールによって軍事用に開発されたサテライト（人工衛星）から放出されたものです。私たちはこれを「死の光線」と呼んでいます。カバールがこのようなことを行う目的は、私たちの注目や関心をポータルからそらすためです。彼らは、ポータルが現れるとその場所にある工場や変電所、ガソリンスタンドなどを爆破することで火事を起こし、それが原因で夜空が明るく光って見えるのだ、ということにしておきたいのです。

シャラン　ということは、ポータルを開けて飛来してくるUFOやエイリアンの方は、人間側に友好的な立場ということでいいですか？　いわばグッドガイの方ですよね。

ジョン　そういうことになります。カバール側がポータルに対抗している図式からはそう言えますね。とにかく、このNYのケースに関しては、独立系のメディアを除き、大手のメディアのニュースなどはすべて、夜空が明るくなっていたのは、変電所の機器の誤作動で爆破が起きたことが原因だと伝えており、警察の見解もそのように結論づけられていました。でも、上空が広範囲にわたって青白く光ることと、地上の変電所の爆破による火災で周辺が明るくなることは、まったく別のものであることは誰の目にも一目瞭然です。でもこれが、カバールが人々の目を欺くためにやっていることなんです。これが今、世界中で起きている現象ですね。

ポータルが開いてUFOが現れる時のイメージ。UFOは私たちの銀河から飛んでくるのではなく、別次元からやってくる。

2018年12月27日の深夜に突如現れたポータル。広範囲にわたって夜空が青白く光っているのがわかる。動画ではUFOがポータルから出てきて浮遊しているのがわかる。この後、「死の光線」がNYの変電所に落とされて火災の爆発が起きた。

ポータルが開くと、すぐに「死の光線」が降る理由

シャラン　まずは、私たちがこういった事実を知ることが重要ですね。それにしても、ポータルが開くとカバールがすぐに「死の光線」を放つというアクションを起こすわけですが、彼らはどのようにしてこれを認識して、すぐに行動に移せるのでしょうか？

ジョン　ポータルは一旦現れると、大抵は30分から1時間くらいはオープンしているので、それくらいの時間があれば、彼らは準備ができるのです。カバールは、私たちが理解できないようなテクノロジーを所有しているので、ポータルが開くとセンサーのように察知できるような技術があるのでしょう。

シャラン　世界中のどこでポータルが開いても、すぐに察知するわけですね。

ジョン　はい。これは、ＮＹでポータルが開いた翌日に、ルイジアナ州のケナーという街で起きたものです。この時もポータルが開くと、すぐその後にガソリンスタンドが爆破されました。この時、地元の人たちは、空から降ってきた「死の光線」がガソリンスタンドを実際に爆破するのを目撃していました。

――動画確認中――

動画内で地元の人たちが目の前で起きていることにパニック状態になりながら、「何が起きているんだ！」「狂っているよ！」などと叫んでいる様子が映し出される。

シャラン　これは近距離で撮影されているので、爆音のすごさや火災の様子がよくわかりますね。静かだった夜に突然こんなことが起きるわけですね。

ジョン　この時も、翌日の地元のニュースでは「昨晩、ガソリンスタンドが何らかの事故で爆発したようです」くらいのニュースで終わったんです。

シャラン　この時、けが人や亡くなった人などはいたのですか？

ジョン　いいえ、いませんでした。基本的に、このようなことが起きるのは、深夜遅くなので被害を受ける人はほとんどおらず、また、目撃をする人も少ないのです。同じことが２０１８年９月１日にベネズエラのマラカイボという街で、続いて２０１９年１月１日にインドで、続いて１月５日にはブラジルのサンパウロ、１月13日にはメキシコのメキシコシティ、１月19日にはアメリカのテネシー州のクロスビル、というふうにアメリカ全土で、また、世界中のあらゆる都市で立て続けに起きているのです。

●ルイジアナ州ケナー（A）

●ベネズエラ、マラカイボ（B）

NYでポータルが開いた翌日にルイジアナ州のケナーという街でポータルが開き、ガソリンスタンドが爆破される。「死の光線」のような垂直に走る光が写っているのがわかる（写真A）。2018年9月1日には、ベネズエラのマラカイボでもポータルが開いていた（写真B）。

「死の光線」がなくなりつつある理由

シャラン　この現象は、いつから起きはじめたのでしょうか？

ジョン　２０１８年からはじまりました。つい先日もベネズエラの首都、カラカスで起きましたし、南太平洋やマレーシアなどでも起きましたね。ただし、いいニュースとして、最近はポータルが開いても、あの「死の光線」による爆破がなくなりつつあるのです。ですから、地上が爆破されることによる被害もなくなりつつある、ということですね。

シャラン　それはいいことですね。ところで、この現象が２０１８年から起きているということは、トランプ大統領がルッキンググラスを手に入れた頃、ということで合っていますか？　要するに、２０１８年にトランプ大統領がルッキンググラスを手に入れたことで未来を予見し、パワーを手中に収めるのではないかと焦ったカバール側が必死になり起こしてきたことではないでしょうか。でも、今ではカバール側の勢力が落ちてきたので、もう「死の光線」を落とすことも無駄だと思ったのではないかな、と思えるのですが。

ジョン

そうかもしれません。加えて、トランプ大統領が２０１８年に「スペースフォース（宇宙軍）」を組織化すると正式に発表したことも大きいと思います。これまで、カバールの手中にあった死の光線を放つサテライトをアライアンス側が入手したか、もしくは、すべての衛星を攻撃したのだと思われます。

特に、２０１８年11月にはカリフォルニア州で大規模な山火事が起きましたが、これも「死の光線」で引き起こされたものです。当然ですが、上空からこのようなことをしていることがバレないように、地上で火災が起きたことを説明するような仕組みが必要です。たとえば、カリフォルニアにある大手の電力・ガス会社の「ＰＧ＆Ｅ（パシフィック・ガス＆エレクトリック）」は、カバールの傘下にある会社でした。

ＰＧ＆Ｅは、「自分たちの不手際で火災の爆発が自社のプラントで起きた」ということを謝罪する、というところまで計画に入っていました。もちろん、実際には彼らがやったことではありません。でも結果的に、この会社は山火事の訴訟で巨額の損害賠償を負って破綻しました。つまり、最終的に火災の原因を押し付けるところまでがカバールの計画に入っている、というところがポイントです。でも、この時の山火事で被害を負った地域は壊滅的な状態になったことで、トランプ大統領はサテライトを奪還しようとしたようです。

オーストラリアの大規模森林火災もカバールの仕業だった⁉

シャラン　日本でも、「NASA」と連携のある「JAXA（宇宙航空研究開発機構）」とは別に、今年の5月に防衛大臣直結の「宇宙作戦隊（Space Operation Squadron）」が組織化されて、アメリカの「スペースフォース」と共に活動しているようですね。

ジョン　そうなんですね。アメリカのスペースフォースはNASAとは違って軍隊なので、必要ならばアグレッシブに攻撃を行う部隊です。

シャラン　なるほど。そうすると、火災といえば、やはり世界的に大きなニュースになっていたオーストラリアの火災はどうですか。2019年の秋から今年に入っても続いた大規模森林火災でしたが、この件もカバールが関与していましたか？　というのも、オーストラリアの火災についても、レーザービームによる火災が撮影されている写真がネット上にはたくさん出回っているからです。

ジョン　はい、確実に関わっています。というのも、カバールが多くの資産を所有し、自分たちの力を発揮できるのがカリフォルニアとオーストラリアなのです。このオーストラリアの森林火災もカリフォルニアと同じように、衛星からの「死の光線」で起きたものです。

ところで、このタイプの火災がなぜ止められないかわかりますか？　たとえば、実際に上空から撮られた衛星写真を見てみると、20か所に同時に光の玉のようなものが光り、その瞬間、すべてのスポットから火災が起きているものもあります。つまり、一度に集中攻撃ができるのです。だから、地上で消火しようとしても1か所や2か所ならなんとかなっても、ここまで多くのスポットで同時に火災が起きると、広がる一方なのです。彼らは、あるエリアに狙いを定めたら、その周囲を取り囲むように何か所ものスポット攻撃をするので、消火することは難しいのです。

シャラン　だから、長期間の火災になってしまうのですね。ちなみに、日本でこのような火災が起きたりする可能性はありますか？

ジョン　日本ではこのような計画は難しいでしょう。なぜなら、カバールの傘下で彼らがコントロールできる電力・ガス会社や資産がないからです。でも、中国国内には彼らの支配下の組織があるのでこのようなことも可能でしょう。

昼間にブラックアウトが起きた北京の現象

シャラン　中国と言えば、夜にポータルが現れるのとは反対に、今年の5月には真っ昼間の北京の街が真っ暗になる、という出来事もありましたね。

ジョン　あれは中国共産党にとっては悪い予兆でした。中国共産党もこれには大あわてしたようですね。この時、あたりが真っ暗になるというブラックアウトの現象だけでなく、同時に自然現象とは思えないほど激しい雷や稲妻が北京の街を襲いました。ちょうど「全人代（全国人民代表大会：年に1度開かれる中国における国会のようなイベント）」が開催される時期でしたので、何かと縁起や吉凶を気にする中国の人たちは「縁起が悪い」「呪われている」と大騒ぎになっていました。

シャラン　これには、カバールは絡んでいるのでしょうか。

ジョン　誰がこれをやったのはわかりません。中国共産党にとっては仲間であるはずのカバール側が彼らを欺くためにやったのかもしれませんし、アライアンス側が天候を操作して、この現象を起こしたのかもしれません。

シャラン　アライアンス側には、人類をサポートするグッドガイのエイリアンがサポートをしているのですよね？

ジョン　はい、そうです。その証拠もあります。２０１８年1月にハワイ州に北朝鮮から核弾道ミサイルが撃ち込まれた、とする緊急警報メッセージがハワイの住民の携帯電話などに配信されたことがあります。この時は、シェルターに避難するまで約20分しかない、というニュースも流れて、ハワイの現地で高速道路を運転していた人などは、車を路上に置いて避難するなど地元の人々は大パニックに陥りました。

その後しばらくして、これは誤報であるというニュースが入ってきたことで、パニックは収まりました。ところが、実はこれは誤報でもなかったのです。これは、カバール側についているＣＩＡが潜水艦から核ミサイルを発射したものでした。ところが、このミサイルが上空で忽然と消えたのです。とにかく、このミサイルが撃墜されたという形跡がまったくないのです。ただ突然に、ミサイルが空中で非物質化したのです。これには、アライアンス側をサポートしてくれているエイリアンの介入があったとしか考えられません。同じことがトランプ大統領の乗っているエアフォース・ワンでも起きたことがあります。これも、エアフォース・ワンを狙ってミサイルが発射された際、同様にミサイル自体が空中で忽然と消えてしまったのです。

シャラン　そうなんですね！　アライアンスと一緒になって地球をサポートしてくれる

エイリアンたちもいる、というのは心強いです。

Chapter

6

フェイク・サイエンスには、もう騙(だま)されない！

フェイク・サイエンスで隠蔽された「アタカマ・ミステリー」ケース

ジョン　次に、こんなフェイク・サイエンスの実態もある、という意味でこの「アタカマ・ミステリー」というケースをご紹介しましょう。まず、このエイリアンのミイラ（152ページ参照）のようなものは、2012年にペルー側がアメリカに情報提供をしてきたものです。このミイラを提供してきたのはペルーのある民間団体でしたが、背後にはペルー政府も関与していました。先方は、これらの情報の提供と引き換えに、アメリカ側に莫大な金額を要求してきたのです。

そこで、ＦＢＩでこのケースの調査に乗り出すことになりました。これはチリのアタカマ砂漠で発見されたという約15センチのヒューマノイド型の謎の生き物のミイラ、ということでした。このミイラは、医師でありＵＦＯ研究者としても知られているスティーブン・グリア博士の手に委ねられ、彼が調査した結果、Ｘ線写真を見てもわかるように、これは明らかに人類と同じ種ではないことがわかったのです。これは専門家のいるスタンフォード大学の研究所に移されてさらに検証されました。

シャラン　スティーブン・グリア博士は、日本でもＵＦＯ関係者の間ではよく知られている人ですね。

ジョン　はい。そして、この調査でわかったのは、この生き物は、その骨の形成具合から分析すると、6～8歳くらいの状態で死んだことがわかりました。この生き物は、自分の体重を支えて直立して歩くことができる骨格をしていたことがわかったのです。他にも、頭蓋骨のプレートの数や、眼球がある部分の骨の作りも人間の特徴とは違うこともわかりました。そこで、これらの調査結果をもとに、FBIに対してこの生き物は作られたニセモノではなく、人類としての種でもないことから、未知の生命体ではないか、という報告をしたのです。

するとと約1年後に、あのスモーキングマンからコンタクトがありました。彼は、「もうこの話から一切、手を引きなさい。我々はもうこの件には興味はないよ。この件に関わったすべての関係者たちと、〃このミイラは人間の胎児である〃ということで結論づけたからね」というのです。私はただ、「どうしてですか？　それはありえません！」と答えるしかありませんでした。

シャラン　実はこのニュースは、日本でもUFOに詳しい関係者たちがたびたび取り上げていたので私も注目していました。たしか、このミイラは「人間の胎児であり、奇形児だった」という結論になっていました。

ジョン　はい。私がこの時の調査でやりとりをしていたのは、遺伝学の権威であるゲリー・ノーラン博士という人でした。彼は数々の証拠を見せてくれながら、このミイラは人間ではないということを世界に向けて発表すると私に約束してくれていたのです。けれども、スモーキングマンの発言の直後に、彼は手の平を返したようになり、スモーキングマンの言った通りの発表がなされてしまったのです。

実際に当時、ノーラン博士は、『ガーディアン』『ニューヨーク・タイムズ』『CNN』『ハフィントンポスト』『ラトガーズ・グローバル・ワイヤー』『BBCニュース』他、世界的な大手メディアに対して、一切の科学的根拠も示さずにスモーキングマンの説をそのまま発表しました。すべてのメディアには、「憶えていますか？　このエイリアンみたいな生き物を。結局、これは人間の胎児でした！」という同じヘッドラインが使われていました。

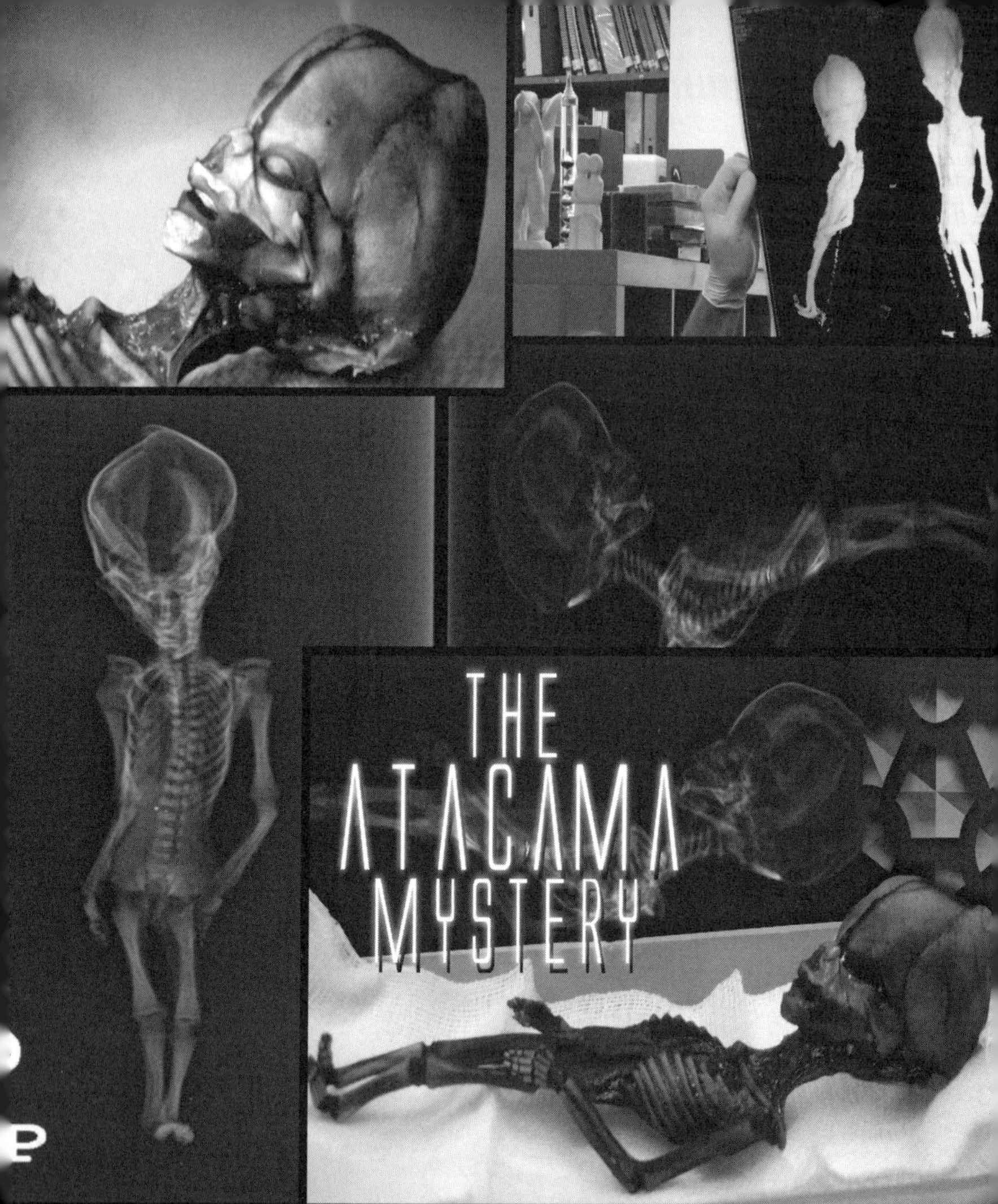

2012年にペルー側から提供された、エイリアンのようにも見えるヒューマノイド型の生き物のミイラ。「アタカマ・ミステリー」と呼ばれるケース。医師でありUFO研究者としても知られるスティーブン・グリア博士の調査でも人間ではないという結果が出たが、最終的に「胎児のミイラ」と結論づけられてしまった。

虚偽の発表のご褒美に与えられるもの

シャラン　私はこの資料を事前にいただいていたので、このミイラの骨の数を数えてみたんですね。私は以前、国立病院で常にレントゲン写真を見るような仕事をしていたので、骨のことにはちょっと詳しいんです。このミイラに関しては、明らかに頸椎(けいつい)や腰椎、肋骨(ろっこつ)などに関しても、人間の骨の数と違うのです。それに、人間の胎児の場合、普通なら頭の骨と骨の間には、大泉門と小泉門と呼ばれる〝隙間〟があるはずなのですが、それもありません。このミイラはそこの部分もきっちりと閉じているので、すでに何年もの年数を生きた生き物であることもわかるはずなんです。胎児や乳幼児だとしても、足はこんなにまっすぐに〝しゅっと〟伸びていませんからね。まだカエルの足のように曲がっているはずです。ところで、このミイラはどれくらい前のものだと判断されているのですか？

ジョン　約40〜50年前のものだといわれています。

シャラン　これに関しても、普通の人が見ても明らかに人間ではないのに、そんなふうに結論づけられるんですね。

ジョン　そうなのです。ちなみに、ＦＢＩ内には、こんな状況の時に私たちがいつも使っていたことわざがあるんですよ。ちょっとヘンな表現かもしれませんが、「もし、誰かがあなたの足におしっこを引っ掛けているなら、ＦＢＩの捜査官じゃなくても解決できるよね」というフレーズです。これはどういう意味かというと、「普通の常識がある人なら、誰も〝これは雨が降り注いでいる〟なんて言わないよね」ということです。

シャラン　要するに、ＦＢＩ捜査官ではなくても、誰もがこのミイラを見て「これは人間ではない」ということはわかるのに、という皮肉ですね。

ジョン　その通りです。この件については、その後私は独自に調査を進めて、幾つかの新しい事実を発見しました。まず、このミイラと同種類の生き物は、ペルーのアタカマ砂漠だけでなく、アルゼンチンなど他の南米や、他にもロシアを含めた世界中の砂漠地帯に今でも生存し続けていることがわかりました。実は、同じような報告が各々の地元の警察当局に報告されていたのです。

この生き物の基本的な特徴として、まず、身長は約15センチから30センチ程度で、夜行性で砂漠の中でも岩場の多いところに出没することがわかりました。特に、満月の夜によく出没する、という報告が上がっています。また、この生き物には不思議な能力があって、小さい身体をしていても、砂漠にいる野生の捕食動物などから身を守るサバイバル能力も備えていることがわかりました。ここまでの事実が明らかになったので、私はＦＢＩに、「ゲリー・ノーラン博士に対して、彼が虚偽の発表をしたことに対して告訴したい」と伝えたのですが、ＦＢＩからは「もうこのことは、忘れなさい。ゴー・ホーム（Go Home）！」と冷たく突き放されてしまいました。

シャラン　ひどすぎるな〜！　ちなみに、このノーラン博士は虚偽の発表をしないと彼の命が狙われていたとかありますか？　たとえば、彼も脅されて仕方なく嘘を言わなければならなかったとか。

ジョン　いいえ。結局、彼が所属するような権威のある大学など高等機関の研究所や、そこに所属する彼のような科学者たちは、組織的にはすべてカバールの傘下にあるのです。つまり、カバールが望むようにしか、もしくは彼らが指示するようにしか動かない、ということです。いわゆるカバールの御用学者集団です。カバール側はエイリアンの存在や、このような人間ではない未知の生き物がいる、ということを決して一般には知られたくないわけです。事実、ノーラン博士は世界に向けて虚偽の発表をした後、米軍から高位の賞を授与されただけでなく、スタンフォード大学の彼の研究所に対して10億円以上の研究助成金が支払われたのです。

シャラン　わかりやすいですね。ウソをついたご褒美、というわけですね。

エイリアンがペットとして飼われていた!?

ジョン　そういうことですね。次にこれ（161ページ参照）は、1996年にロシアのキシュトンという場所で発見された同種類の生き物のミイラで「キシュテム・エイリアン」と呼ばれているものです。こちらも現地の医師によって解剖され検証されたのですが、動物でも人間でもない生き物だと結論づけられました。しかし、この時も嘘偽りの情報が意図的に流されましたが、この話には後日談がありました。

それは、このミイラが生きている時にペットとして飼われていた、という事実がわかったのです。このミイラは、ミイラ化して10年くらい経っていたのですが、なんと、この生き物を飼っていた、というロシア人の女性が現れたのです。VHSのビデオテープには、彼女がこの生き物の身体を握っている様子が映っています。この女性の話によると、この生き物は、言葉は話せないものの、鳥のような鳴き声を発していたということで、彼女は食べ物として鳥の餌を与えていたそうです。

シャラン　へえ〜！　ペットとして飼っていたとか面白いですね。私も飼ってみたい！

ジョン　ちなみに、この女性はこの生き物が死ぬまで*20年間も飼っていたそうです。

ロシア連邦は、国立の研究所で調査した結果を発表しましたが、すべて虚偽の報告をしていましたね。

シャラン　彼女は、このような生き物と長年一緒に暮らしたことで、何か悪い影響、良い影響などはあったのでしょうか？　だって、エイリアンかもしれないわけですよね。

ジョン　当時、そのような質問を誰も彼女にしなかったので答えはわかりません。でも、会話ではなくテレパシックなコミュニケーションがお互いの間でできていたということで、彼女の直感力はより鋭くなっていたのではないかと思います。

シャラン　写真（162ページ参照）を見ると、彼女が手に握っているのは、この生き物が生きている状態の時ですよね。そうすると、ミイラ化した姿とそんなに変わらないですね。

ジョン　はい。人間のように脂肪がついてないので、死んだ後もすぐにミイラ化するのでしょう。何しろ、もともと定住地が砂漠地帯ですからね。

シャラン　なるほどね。この生き物は、あまり水分を必要としていないのかもしれませんね。

＊20年間

ネットで出てくる情報は、「この存在は、ロシア人の女性に捕獲されて3週間後に死亡した」というものばかりだが、実はこれはソ連側の情報操作によるもの。また、さらに情報をかく乱するために、このロシア人の女性が精神疾患にあったという虚偽の情報も同時に流された。

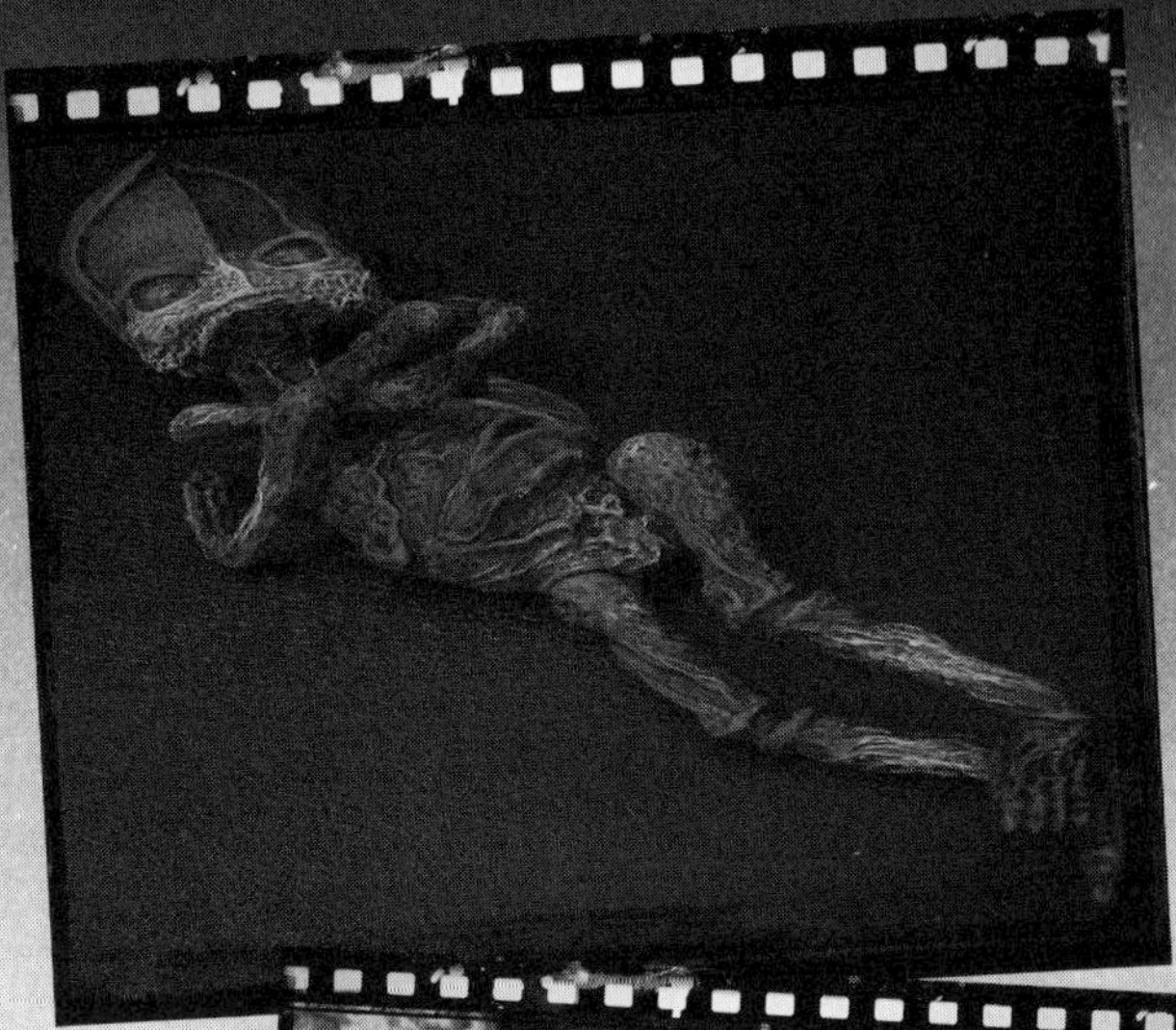

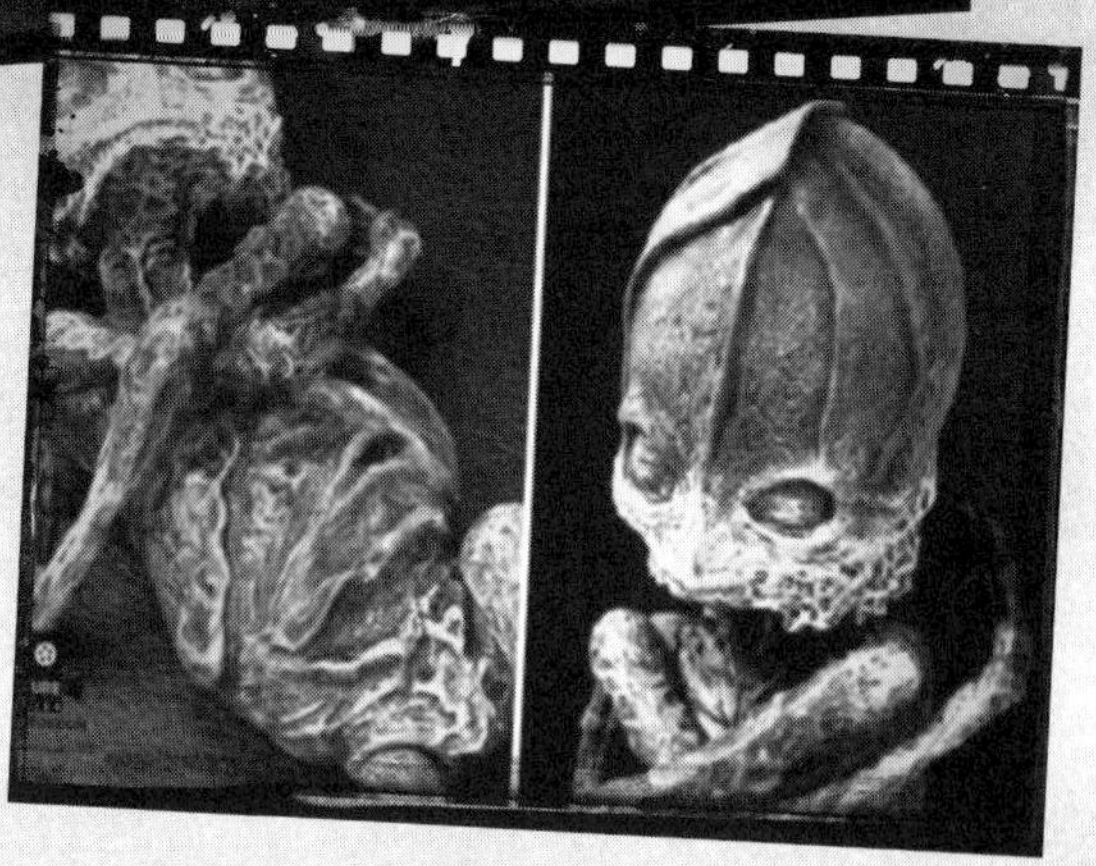

アタカマ砂漠で発見された小さなヒューマノイド型のミイラに似ているものがロシアでも発見される。「キシュテム・エイリアン」と名付けられる。

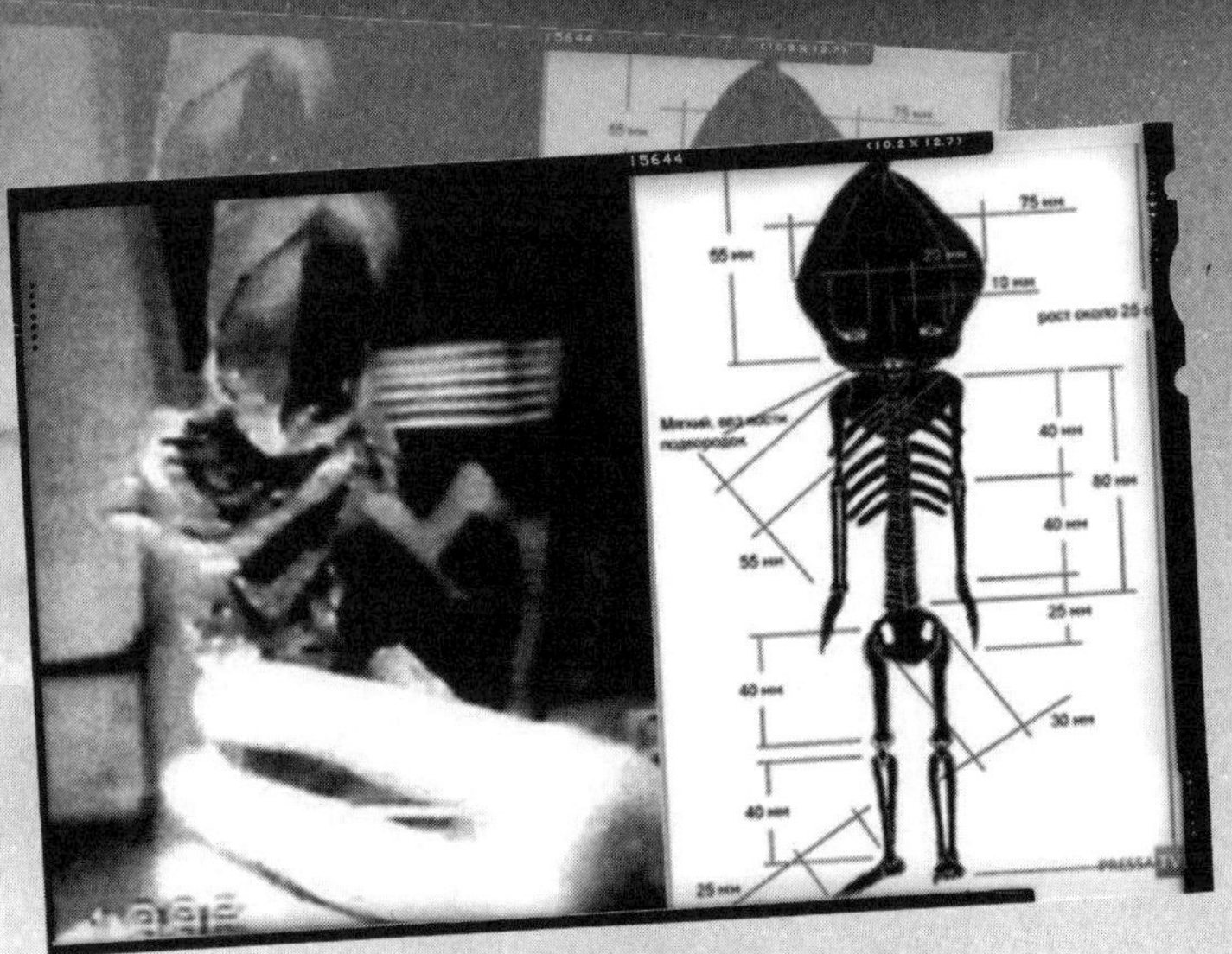

ロシアの女性がペットとして20年間も飼っていたという「キシュテム・エイリアン」。“エイリアン”という名前はついているが、実際には地球ネイティブの存在と思われる。

部屋の中を全速力で走り去る不思議なモノ

ジョン　次に、これ（166ページ上の写真参照）はアルゼンチンの家庭に現れた同じ種類のものですね。

シャラン　赤ちゃんの向こうを全速力で走り去っていますね。カワイイというかなんというか！　走っている時に、きちんと床に影も映っているので合成ではないですね。この生き物は、時空間移動をしている時にこの部屋を横切った、というものなのですか？

ジョン　まず、このビデオが本物である理由から述べたいと思うのですが、こういった生き物が出現する際には電磁波的なエネルギーを発することで干渉波が起きるので、ビデオカメラの画面がゆがんだり、他にも周囲の電気製品や鳥などにも影響を与えることがあります。このビデオにはその影響がきちんと見られるので本物だとわかるのです。

シャラン　この動画の場合、母親が赤ちゃんの動画を撮っていた際にこの生き物が偶然にカメラに映りこんでいたわけですよね。ということは、この生き物はカメラ越しには見えたけれども、肉眼だったら見えなかったということですか？また、この生き物は、時空間移動をしている時にこの部屋を横切ったりしたのでしょうか。

ジョン　そのあたりは不明ですが、カメラ越しだから映ったのかもしれません。というのも、私の両親は中米のエクアドル出身なのですが、私の地元である中米や南米、メキシコなどには「*ドゥウェンドゥ」という伝説の生き物がいて、その存在は肉眼では見えたり見えなかったり、見えてもぼんやり見えたり、みたいな存在だといわれています。ですから、もしかして、同じような生き物だとすれば、この時は、カメラを通して映ったのかもしれません。

シャラン　いわゆる幽霊なんかも同じですよね。肉眼では見えなくても、カメラには映ったりしますから。

ジョン　そうですね。でも、幽霊やスピリット的な非物質の存在は、人間に対して「自分の存在を認識されたい」「見てもらいたい」という気持ちがあり、人間には自分の思いを伝えたいという存在が多いのです。一方で、こういった種類の生き物は「見つかりたくない」「認識されたくない」と思っている部分に大きな違いがあります。だから、こんなに素早く走っているのです。

母親が赤ちゃんを撮影していた動画の向こうを走り去るヒューマノイド型の生き物。出現時に画像が音声とともに乱れることから特殊な周波数を発していることがわかる。

＊ドゥウェンドゥ

中米や南米、メキシコの伝説に出てくる小人・妖精のような存在「ドゥウェンドゥ(Duwende)」。アタカマ砂漠で発見されたミイラの生き物とも類似している。自分の姿を人間に向けて違う姿形で見せられる能力があるといわれている。エイリアンではなく地球ネイティブな生き物だと思われる。

地球に太古から住んでいた"地球ネイティブ"な生き物たち

シャラン　それは言えていますね！　ちなみに、この生き物は、中米や南米などでは「ドゥウェンドゥ」と呼ばれていますが、いわゆる世界各地の文化にある伝説や童話の中に出てくる小人や妖精なども同じような存在であると思っていいですよね。

ジョン　はい。そして、この件を調査してきた私なりの仮説ですが、この生き物はいわゆる地球外からのエイリアンではなく、私たち人類よりも前から地球に住んでいる人類とは別の生き物である、ということです。そして彼らは、自分たちの姿を私たち人間に向けて違う姿に見せられる能力も持っているのだと思われます。だからドゥウェンドゥのように帽子を被っていたり、見かけも妖精のように見えたりもすることもあるのです。

シャラン　だから、各文化や民族の違いにおいて、それぞれの姿形に見えるわけですね。ところで、この頭の骨が長い骸骨（171ページ参照）のものはどうですか？　古代エジプトの壁画などにもあったりしますね。これは地球外からのエイリアンにも見えるのですが……。

ジョン　この頭の骨が長い種類の生き物は、エジプトの他、南米やその他の地域でも発見されていますね。これも明らかに人類ではない非人類種ですがエイリアンではないと思われます。歴史の中で、科学者たちは常にこの種についても、「これは人類である」と嘘の発表をしてきました。かつて、これらの生き物は人間と共存していた時代もあり、人間からは神と崇められていた時代もあったようです。そういう理由から、人間が自分たちも神になろうとして、生まれたばかりの子どもの頭に布や何かを巻くことで頭の骨を伸ばそうとしてきたという記録もあるようですが、頭蓋骨を通常より3倍も伸ばせられるわけがないのです。

シャラン　さすがに、それは無理ですよね。

ジョン　そうなのです。これについても、権威ある考古学者や人類学者でなくても、常識さえある人なら「これは、人類ではない」と言い切れますよね。

シャラン　そうすると、この頭の長い人類に似た存在も地球で誕生した種ではあるけれど、人類種ではないということですね。そして、次元間を移動もできている、ということで合っていますか？

ジョン　はい、私はそう結論付けています。地球上には私たちの知らないところで、人類以外の種である〝地球ネイティブ（地球産）〟である別の種も昔から存在している、ということです。これからもカバールはサイエンスの権威者たちとの綿密な連携によって、フェイク・サイエンスを私たちに提供し続けてくるでしょう。そして、私たちが目覚めないように、という方策を取ってくるはずです。私たちは、そんな彼らの狙いに騙されることなく、きちんと真実を見極めていかなければなりません。

科学者は頭が縦に長い頭蓋骨も人類の種であると主張してきたが、これらは地球ネイティブではあるものの、人類ではない他の生き物とみられる。

Chapter 7

フェイク・ニュースの裏を読む

あのペンタゴンも認めた「ＴＩＣＴＡＣ（ティックタック）」こそ、フェイク・ニュース

シャラン　さて、ＵＦＯと言えば、「ＴＩＣＴＡＣ（ティックタック）」と呼ばれる一件についてお聞きしないわけにはいかないと思っています。このＴＩＣＴＡＣとは、アメリカの海軍のパイロットが２００４年と２０１５年に撮影したＵＦＯと思われる映像（１７９ページ参照）が２０１７年にメディアで公開されたものを、今年になってペンタゴン（国防総省）がその映像を公式に認めた、という一連の出来事ですね。これについては、いかがでしょうか。もちろん、ペンタゴンが〝認めた〟といっても「未確認の飛行物体である」ということを認めただ

けで、UFOやエイリアンの存在を正式に認めたわけではありません。
それでも、ペンタゴンがこれまでなら機密情報であったような情報を非機密扱いにして、UFOだと思われる動画を正式に認めたことでディスクロージャーへの一歩が近づいた、と考える人も多いのです。何しろ、これまでこのような情報に否定的だった大手メディアなどがこのことを大きく扱ったわけですから。動画の中でピンポン玉のように浮遊し飛び交うUFOのような物体がアメリカのお菓子の名前、「TICTAC」の形に似ていることから、TICTACと呼ばれているんですよね。

ジョン　実は、このTICTACに関してなのですが、残念なお知らせかもしれませんが、この一連の報道、そして出来事は偽物であり本物のUFOだったわけではありません。これは、カバール側とアメリカの海軍が結託して行ったことです。動画の中で飛び交っていた物体は、当時、彼らの持てる最新の技術で造られた高性能なドローンによるものです。彼らにとって、この最新のドローンを実験するには、サンディエゴ沖にいた海軍の航空母艦である「ニミッツ」から行うのが最も安全だったのです。

カバール側や彼らのパートナーたちが、大手メディアを通じて虚偽の情報を流すことで、ＵＦＯを研究している人たちや、一般の人たちに恐怖を与えようとしたものです。つまり、「ＵＦＯや異星人たちは本当にいたんだよ、彼らが地球にやってきて地球を襲うんだよ」というようなイメージを植え付けようとしたわけですね。

シャラン　え？　そうだったんですか！　ついに政府がＵＦＯの存在を認めるような時代がやってきた、というふうに多くの人は捉えていたのですが、そんな狙いがあったのですか。でも、カバールと軍の上層部が行っているということで、現場のパイロットは飛行中にその計画を知らずにＵＦＯだと思って動画を撮っていたのかもしれませんね。そのあたりが逆に私たちに真実味を与えてしまうのですが……。ちなみに、日本の河野防衛大臣（対談は２０２０年

7月下旬）は、日本でも万が一、このような未確認飛行物体に遭遇したときに備えて手順を定めたい、として、防衛省と自衛隊がこのような事態が起きたときにどのような対応をするか、などの準備を進めると発表していました。

ジョン　そうなんですね。世の中には、たくさんの本物のUFOの映像があるのも事実です。でも、あえて、このような偽物の映像を拡散しようとするのも彼らの策略なのです。先にご紹介したNYのポータルの件などは、大手メディアはまったくスルーでしたよね。本当に起きていることには触れずに、偽物は扱う、というのが彼らの基本的な手法です。

シャラン　ある意味、それが本物か偽物かの見分け方でもあるということですね。大手のメディアが拡散しようとするものは怪しい、ということですね。

ジョン　はい。私はこれを「デソーザの反対の法則」と名付けていますが（笑）、要するに、ＮＡＳＡやＣＩＡなど誰もが知っている政府機関や研究機関、大手メディアなどがその案件に絡んでいれば、それらはすべて偽物、ということになります。

シャラン　「デソーザの反対の法則」、まさにその通りですね。つまり、常に大手メディアの報道の反対を信じればいいということになりますね。

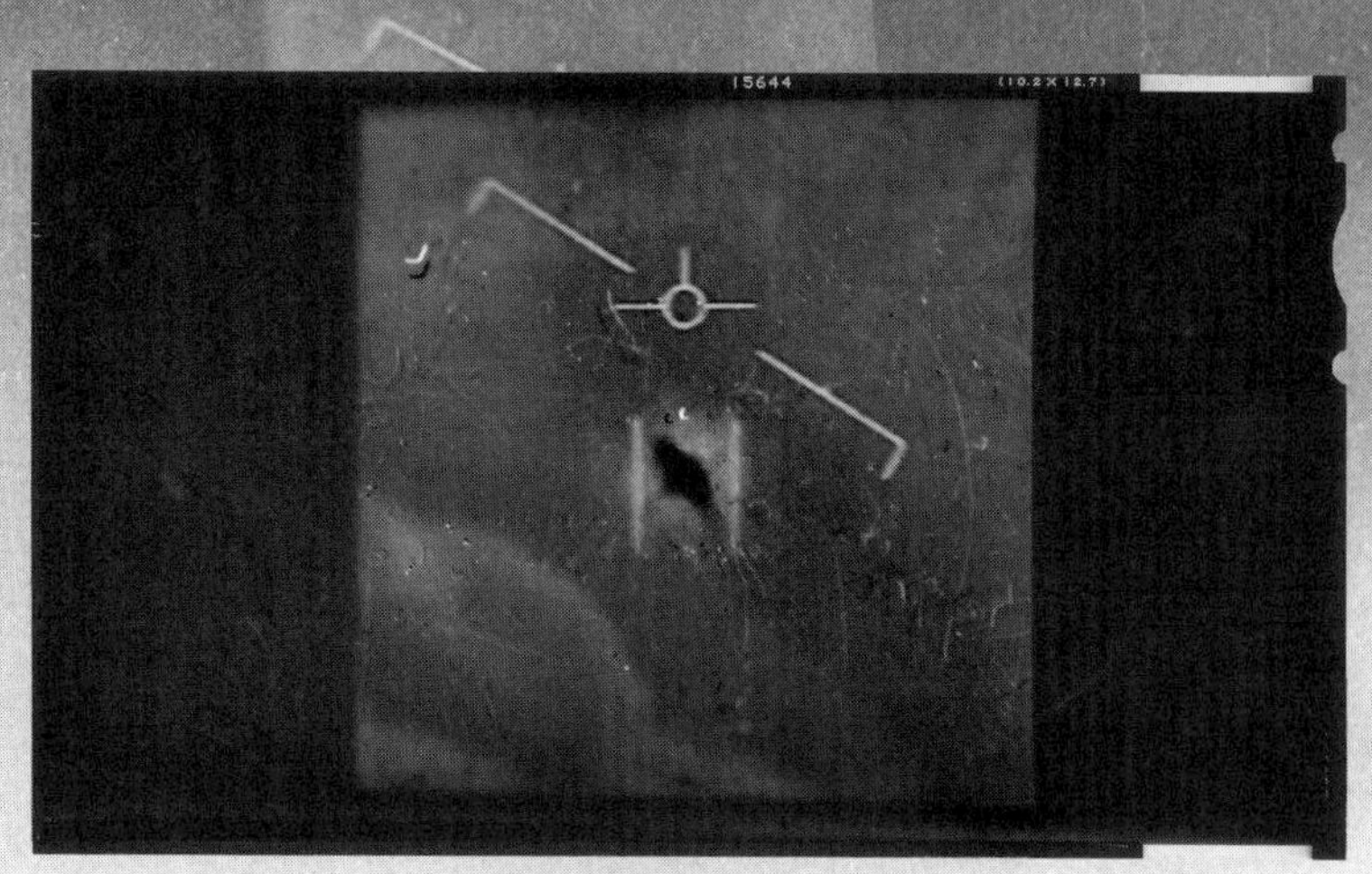

カリフォルニアのサンディエゴ沖で海軍のパイロットたちが2004年と2015年に遭遇した謎の飛行物体の映像、「TICTAC（ティックタック）」をペンタゴンが2020年に正式に公開。ただし、これは実は当時最新鋭の高性能ドローンによるものとジョンさんは分析する。

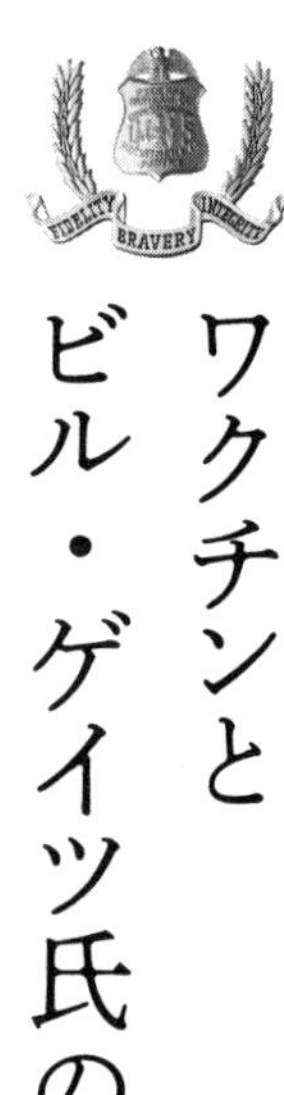

ワクチンとビル・ゲイツ氏の関係

シャラン　先ほど、ロシアとアメリカの両国において、それぞれかなり前からすでにエイリアンと人間の遺伝子を掛け合わせる実験が行われていたというお話を伺いました。『X-ファイル』でも、ETと人間のハイブリッドをつくる研究が秘密裏に行われていて、変異させた遺伝子を実験のために子どもたちにワクチンとして打とうとしていた、というようなくだりがありましたね。このあたりは本当ですか？　そしてワクチンといえば、今まさに、「新型コロナウイルス感染症（COVID19）」の問題がありますね。新型コロナウイルスを予防するために、ワクチンの開発を期待している人も多いのですが、どう思われますか？

ジョン　基本的に、『X-ファイル』のすべてのシーズンのすべてのエピソードは、真実にもとづいて作られています。もちろん、すべてが私のケースだったわけではありませんし、都合上や演出のために変更されたり、アレンジもされたりしていますが、必ずある部分は真実にもとづいています。だから、もし、時間があればすべてのエピソードを1つずつ検証しながら、どこまでが現実であり、どこの部分が演出であるか、などをすべてお話しできますよ。

シャラン　それは、ぜひ次回にお願いしたいですね。

ジョン　その上で、ワクチンに関してですが、これについては、皆さんもよくご存じのある人について言及しなければならないでしょう。その人こそ、マイクロソフト社の共同創設者であり、自らもカバールサイドの人物であるビル・ゲイツ氏のことです。彼こそが自らも財団を作り、発展途上国の医療向上を目指す、という目的でワクチンの開発に資金を投じながら財を築いてきた人です。そんな彼こそ、『X-ファイル』のストーリーにあったようなことを行っている、という噂があるのも事実です。その噂こそ、エイリアンのDNAと何かを組み合わせたものでワクチンをつくり、それを人間に接種させるというものです。それも、このワクチンを強制的に、同時期に全人類に接種させるという計画も進んでいるという話です。つまり、ワクチンの副作用や悪影響が出るから私は拒否する、と言えないようなシステムも考えられている、ということです。これを接種すると人間のDNAが変化するので、「人間でないもの」に変わるのです。エイリアンのようになるのか、動物のようになるのかまではわかりませんが……。

シャラン　それは怖いですね。ワクチンの接種が義務づけられるわけですね。そして、そのワクチン次第ですが、最悪の場合には人間が別の種になってしまうというか、ハイブリッドになってしまう、という危険性があるわけですね。それに、ワクチンを打つ際には、同時にマイクロチップを埋め込むという話もありますね。

ジョン　はい。あのボイド・ブッシュマン博士いわく、エイリアンのDNAと人間のDNAを組み合わせて実験したら、予想外にクレイジーなものが誕生してしまって、掛け合わせたものをすぐにでも破棄しなければならないものもあったそうです。

シャラン　危険すぎますね。

カバールがワクチンにこだわる理由

ジョン　考えてみてください。カバールたちがもし、本当にコロナウイルスを治療し完治させたいのなら、薬を製造することも考えられるわけです。でも、彼らはワクチンによる予防接種にこだわっているのです。彼らは私たちの血液にどうしてもアクセスしなくてはならないのです。

シャラン　それは、どうしてですか？

ジョン　人体を巡る血液は、人間にとって生命維持や健康に最も重要な鍵を握る要素ですよね。その血液に直接アクセスするということは身体を自由に操れるわけです。そして、その作用の仕方によっては、人を殺すこともできるし、奴隷化、家畜化することもできるからです。

シャラン　そもそも、人間とエイリアンのＤＮＡを組み合わせる理由はどういう狙いからですか？

ジョン　私たち人間を根本から変えたいからです。肉体的にも精神的にも、その人の本来の姿や在り方からまったく違うものへ変容させたいのです。また、どんな大富豪が大金を払っても叶わないのが永遠の命です。だからこそ、それを手に入れるために人間のDNAを変容させたいのです。カバールの一員であるビル・ゲイツは、エイリアンのDNAにもアクセスが可能ですよ。

シャラン　すでに、トランプ大統領がビル・ゲイツを「グァンタナモ収容所（キューバにあるグァンタナモ米軍基地。テロの容疑者などが収容される）」に拘束した、という噂もありますがどうなんでしょうか。

ジョン　そうだといいのですが。でも、ビル・ゲイツたちはすでに高性能の自分のクローンをすでに何体も所有しているので、本物が拘留されたとしても、クローンが表に出ていれば、そんなこともわからないかと思います。同じくカバール側の1人であるオバマ前大統領も同じです。彼も今、「オバマゲート」など、いろいろな噂が出ていますね。でも、カバールのトップにいるような人間は、本物が逮捕されようが一切気にしないような人たちですからね。自分たちの悪事が遂行できればそれでいいのですから。

シャラン　でも、クローンの能力には限りがあるんですよね？　たとえば、深い会話とかディスカッションなどはできないと思うのですが。

ジョン　もちろん、できないクローンもいます。でも、最近のクローン技術は発達しているので、そのようなことが可能なクローンも存在します。公衆の面前でスピーチをする人のクローンはそんな能力もトレーニングされています。このような事情に詳しい人なら、ビル・ゲイツ夫妻が話している様子を見て、いつものスピーチの様子と違うとか、今日はえらくルックスが若返っているな、みたいなことに気づいたりするはずです。

シャラン　現在、裏で暗躍していた人たちの大量逮捕が進んでいるともいわれていますが、どれくらい進んでいるのでしょうか？

ジョン　まだ、全体の10％くらいだといわれています。依然として多くの者が野放しになっていますが、これについては、ゆっくりと進めていかなければなりません。というのも、長い年月をかけて構築されたシステムや組織を一気に崩そうとする方が危険なのです。毛沢東の時代に行われた「文化大革命」のようになってしまうと、たくさんの犠牲者が出てしまいますからね。

カバール側でないセレブを挙げる方が簡単

シャラン　なるほどですね。そうすると、私たちが知っている有名人やセレブリティで他に確実にカバール側だ、という人にはどんな人がいますか？

ジョン　名前は挙げられません。なぜなら、誰もが知っているようなセレブリティのほぼ全員がそうだからです。逆に、カバール側とつながっていない人を挙げる方が簡単でしょう。

シャラン　そうなんですね！　たとえば誰がいますか？

ジョン　ハリウッドスターで言えば、俳優のメル・ギブソンなどはそうですね。

シャラン　そうなんですね。メル・ギブソンはハリウッドの闇（エリートたちによる小児性愛やカニバリズム、悪魔教崇拝）を暴露したことで、ハリウッドから数年間にわたって干されてしまった、というニュースもありましたね。彼はよく殺されなかった、ともいわれていますが……。

ジョン　ある意味で、カバールはわざわざ殺す必要もないのですよ。メディアを牛耳っている彼らはメディアを情報操作して評判を落とせばいいのです。それが本人にとって一番の痛手だったりするわけです。

シャラン　確かに、メディアが発信する情報や評判はセレブリティにとっては生命線ですよね。他には、カバール側でないセレブリティとして、俳優のリチャード・ギアはどうですか？　彼はチベット仏教に傾倒している仏教徒だから、カバール側ではないかもしれないな、とも思うのですが。

ジョン　そうかもしれませんね。

シャラン　基本的には、エンターテイメント業界をカバールが支配しているので、ハリウッドが作る映画、ドラマなどで描かれるＵＦＯやエイリアンはやはり怖いもの、危険なものとして描かれる場合が多いですよね。

ジョン　ハリウッドとカバールは、がっちり手を組んでいますからね。人々に恐怖を与えるものが多いです。

シャラン　アメリカの実業家であり大富豪として有名だったジェフリー・エプスタインが児童買春や売春組織の容疑で逮捕されましたが、昨年、拘留中に〝自殺〟してしまいましたね。彼のネットワークには、大物政治家やセレブリティ、イギリス王室などの人脈があったこともすでに明らかになっていますよね。このような情報も独立系のメディア以外ではあまりその真相は報道されませんが、最近はドイツやトルコなどでは、大手でも報道されはじめていますね。大量逮捕の情報なども出はじめています。

ジョン　いいことだと思いますよ。実は、ドイツだけで人身売買、売春を理由に3万人もの関係者が逮捕されていますから。ここまで大量逮捕ができるようになったのも歴史上初めてのことですよ。今、こういった犯罪に関与してきたカバールたちの所有する、世界的なグローバル企業の資産を差し押さえる動きもはじまっています。

小児性愛や人身売買の裏にある目的とは

シャラン　なるほどですね。そうすると、その流れから今後の経済や金融の在り方も変わってくるのでしょうか。「ネサラ（NESARA：National Economic Security and Recovery Act　国家経済安全保障改革法）」や「ゲサラ（GESARA：Global Economic Security and Recovery Act 地球経済安全保障改革法）」という言葉も使われるようになりましたが、ネサラという意味である「アメリカ国内の金融システムのリセット」や、ゲサラとしての「世界レベルでの金融システムのリセット」の動きもはじまりますか？　つまり、限られていたほんの一部の大富豪が握っていた世界の富が普通の人々にまで再配分される、ということになっていくのでしょうか。そんなニュースも少しずつ増えてきているので、希望が持てる世の中になるのかな、と思うのですが……。

ジョン　この件に関しては、まだ確証までは持っていませんが、そんな噂も聞きますね。

シャラン　結局、エプスタインの件でも明らかになったように、カバール側が子どもの人身売買にかかわる理由とは小児性愛だけでなく、究極的にはアンチエイジングや若返りのための*アドレノクロムを手に入れるため、また、そのためのの儀式のための生贄的な存在として必要だから、ということで合っていますか？

ジョン　はい。それに加えて子どもたちの臓器摘出、幹細胞をはじめとする全身の組織の採取を目的とするものですね。また、遺伝子操作の実験のためですね。

シャラン　このようなことを目的に、子どもたちはさらわれたり、命を奪われたりしているんですよね。ちなみに、秘密裏に行われているこれらの行為や実験に関して、何か日本が関わっていることはありますか？

ジョン　日本がこの件にどのように関わっているのか、などはこの時点ではわかりませんが、調べることはできます。わかり次第、またお伝えしましょう。

＊アドレノクロム

アドレナリンの酸化によって合成される化合物。小児に恐怖を与え虐待をするとアドレナリンが急増してアドレノクロムというホルモンが合成されるが、これを大人が摂取するとアンチエイジング、若返りなどに効果があるとしてエリート層やセレブリティなどが使用しているとされる。そのための人身売買の闇のネットワークもあるといわれている。そのネットワークの渦中にいたジェフリー・エプスタインは逮捕されて拘留中に〝自殺〟した。

Chapter 8

事実は『X-ファイル』より奇なり

30年ごとに冬眠から覚めて連続殺人を犯すケースは、どこまで本当？

シャラン　ところで、『X-ファイル』の「シーズン1」で個人的に印象的なエピソードがあったので、ちょっとお訊きしてみたい話があります。それは、ある男性が30年おきに地下から出てきて毎回5人ほど殺してその人たちの肝臓を食べて、また地下に潜（もぐ）って冬眠して30年後に同じ犯行に及ぶ、というエピソードですが、この話はどこまで本当ですか？　ストーリーの中ではこの男性、つまり犯人は歳も取らずにいつも若く不老不死の状態で、１００年以上も長生きしている、というようなキャラクターでしたよね。

ジョン　はい、このエピソードは、ある実際に起きた連続殺人犯による殺人事件がベースになっています。この時の実際の殺人犯のニックネームは「グレイブス（墓の意）」だったと思います。彼は殺人を犯す時、いつも同じ独自の特徴がありました。それは、必ず被害者の左目を刺して、肝臓を食べる、というおぞましい殺害方法でした。肝臓を食べる、という部分はドラマと同じですね。

現実の捜査では、この連続殺人犯を警察と協力して捕まえようとしていました。そして、犯人がかつて勤めていたある商業施設のビルの地下へ逃げたことがわかったのです。現場では、彼が地下の完全に密閉されたボイラールームに隠れていることを突き止め、その場に踏み込んだのです。ところが、ここからが信じられない展開になるのですが、彼はその部屋から忽然と消えていたのです。その部屋には窓や出口への扉などはなく、あったのは大人の手のひらサイズくらいのほんの小さな通気口だけです。彼の身体が自由自在に仲縮しない限り、あんなに小さなスペースから逃げることは不可能なのですが……。

シャラン　ドラマの中でも、犯人は自分の身体をぐにゃりとスライムのように粘土状というか液体状にして、ほんの小さな隙間も潜り抜けていましたね。あのシーンこそまさに演出だと思っていたのですが……。そうすると、彼は結局逃げたままになってしまったのですか?

ジョン　はい。残念ながら、逃がしたままになりました。というのも、彼は連続殺人を行うのですが、5人で殺人も終えてしまうことで、その後は捕まえる手立てがなくなるのです。その後、私の方でリサーチをしてわかったのですが、ドラマにも描かれていたように、この連続殺人は30年ごとにまったく同じ手法で起きていることがわかりました。アメリカでは新聞のデータは300年間保管されることになっています。そこで過去の新聞をさかのぼって調べてみたら、150年前から30年おきに、殺人犯がまったく同じやり方で毎回、

5人ほど殺人をしているのです。

ただし、ドラマにあった、30年ごとに同じ犯人が冬眠から出てきて殺人を犯すという部分は違います。実際には、まったく別の人間がまったく同じやり方で殺人を行っていたのです。そこで私は、このケースについて他の連続殺人犯たちに話を聞いてみることにしました。基本的にこのような殺人を犯す人間は、普通の感覚は持っていません。彼らは特殊な心理をしていて、皆、同じような思考をしています。またある種、ヘンな表現ですが天才的でもあり、共通する点も多いのです。だから、連続殺人犯のことを知りたいなら、同じ種類の人間に聞くのがベストなのです。

シャラン　プロファイリング（犯罪の性質や特徴を行動科学的に分析し、犯人の特徴を推論すること）をするような感じですね。

ジョン　はい。そして、彼らからの話でわかったことは、このケースは、古くから存在する悪魔的なスピリット、つまり、ある種の悪霊が30年ごとに犯人にふさわしい人物を探して、その人間に特殊な能力を与えることで連続殺人を犯すように仕向けているのではないか、ということでした。つまり、その悪霊にとって30年ごとに5人を同じ手法で殺害するのは必要な儀式だった、というのです。

シャラン　は～。さすがに普通の感覚では出ないコメントですね。悪霊は殺人による儀式でパワーを得るわけですね。そうすると、犯人になった人は悪霊に憑依(ひょうい)されてしまった、ということなのでしょうか。

ジョン　憑依もあるかもしれませんが、こういった場合、邪悪なスピリットはその犯人に仕えたり、また逆に指示したりなど、ガイドのような存在になるのです。つまり、犯人の願いを叶えたりもするわけですね。これは、このケースだけに限ったわけではありません。連続殺人犯は意外にも決して捕まらなかったりするのです。そのような場合、このケースのように悪魔的存在が犯人に計り知れないほどのパワーを与えて手助けをしていたりするのです。たとえば、このケースでは、鍵のかかった部屋から逃げられないはずの犯人が、普通なら通り抜けられないほどの小さなスペースから脱出したように。

シャラン　悪魔的な存在が人間を支配し、操る話というのは古今東西にありますよね。このような悪魔的儀式などは、陰謀論で語られる秘密結社の世界だけの話のようにもいわれていますが、こんなふうに現実の世界で起きている事件にも、こんな裏話があるとは驚きですね。

〝アニバーサリー〟が来ることを警告した霊のケース

シャラン　先ほどは、ＦＢＩ時代に最も怖い思いをしたケースをご紹介いただきましたが、では、ＦＢＩ時代に扱った超常現象の中でも、最も理解不能というかミステリアスな事件はありましたか？

ジョン　では、『Ｘ-ファイル』には出てきていないケースで、私たちが「アニバーサリー（記念日）」と呼んでいた事件があるので、そのお話をご紹介しましょう。それは、ある地方の警察署から私とパートナーの元に届いた一通の依頼状からはじまりました。その内容は、ＦＢＩへの捜査協力を求めるものであり、自分たちだけでは手に負えない、解決できないある超常現象に対してエキスパートに助けを求める、というようなリクエストでした。

依頼してきたのは、ある地方の１人の保安官です。実は、保安官である彼が所有する建物の地下が刑務所として使われていたのですが、その場所で「ポルターガイスト現象（誰も手を触れていないのに、物体が移動したり、音が発生したりなど通常では説明のつかない現象）」が起きるので調査してほしい、ということでした。実際に、地下にいる受刑者たちも恐怖体験をしていて、そこで働く看守たちも怖い体験を味わうことで、次々にやめてしまって困っている、というものでした。

シャラン　そこで起きていた恐怖体験とは、どのようなものだったのですか？

ジョン　たとえば、夜中に誰も入っていない独房からうめき声や話し声が聞こえたり、ハンドルを回して開けるタイプの重たいドアが突然、バタンと大きな音を立てて勝手に開いたり閉まったりするのが監視カメラに写っていたりなど。その他、典型的なポルターガイスト現象として、コーヒーカップが宙を飛んだりするなど、不可思議な現象が頻発しているということでした。また、2メートルを軽く超える身長の頭の禿げた大男の黒い影がしばしば目撃されるらしく、受刑者たちはおびえきっている、とのことでした。

そこで、私とパートナーは早速現場に赴きました。でも、すべての看守から一通り話を聞いたのですが、受刑者の間で争いや暴力沙汰などが起きている様子はありませんでした。彼らいわく、ここ数年の間は、何の問題も起きていない平和な刑務所ではあったのですが、もし、何か事件があったことを挙げるならば、約10年前に、1件だけある痛ましい出来事があったというのです。それは、かつて看守の1人だったブライアンという男性が受刑者たちに襲われて殺されてしまった、という事件でした。

シャラン　そこに、何か原因がありそうですね。

ジョン　はい。そこで、その当時から唯一残っていたケビンという名の看守から詳しい話を聞くことにしました。彼いわく、看守たちは危険な受刑者たちを相手にするために、2人組のペア体制で行動するのが規則になっていたそうです。けれども、ブライアンは身体が大きく屈強だったために自分に自信があったのか、ルールを無視していつも1人で行動していたそうです。ところが、そこを付け込まれたのか、ある日、3人の受刑者たちが事前に計画を練り、3人で束になってブライアンに襲いかかり、ブライアンは命を落としてしまった、というのです。

その話を聞いた後、あるきっかけでこの話は急展開していきます。その週末、私とパートナーがこの一件について調査したことを改めて見直していたのですが、あることに気づいたのです。それは、ちょうどその当日こそが偶然にも、まさにブライアンが殺された10年前の同じ日だったのです。そして、そのことに気づいたと思ったら、私たちは刑務所から連絡を受けました。それは、「ある看守が受刑者たちから襲われて重体になっている」、という報告でした。その看守こそ、ケビンだったのです。彼はブライアンがそうだったように、やはり3人の受刑者たちに襲われてしまったそうです。通常、刑務所内には凶器になる材質のものは置かれていません。椅子やテーブルなども、すべてプラスティック製ですが、受刑者たちはどこからか、建築時に使う木製の角材を手に入れ、それを凶器にしてケビンに襲い掛かったらしいのです。

無事に事件は解決するも FBIは認めず

シャラン　まるで、ドラマのような展開ですね。

ジョン　そうなんですよ。私とパートナーが刑務所に駆けつけると、現場は一種異様な光景になっていました。というのも、独房にいる受刑者たちが、ヒステリックに泣き叫びながら恐怖におびえているからです。彼らはパニック状態になっていました。さらにそこでは、信じられないような出来事が起きていた、ということがわかったのです。

報告にあったように、ケビンは受刑者たちから襲われ、角材で滅多打ちにされて瀕死の状態になっていたそうです。ところが、最後の一撃がケビンの頭の上に降りかかりそうになった瞬間、突然、ブライアンの姿が現れて筋肉質の屈強な片腕でその角材をグッとつかみ、角材がケビンの頭の上に落ちるのを止めたらしいのです。また、ブライアンはケビンを攻撃していた受刑者たちにパンチを食らわせようとしたのですが、ブライアンが彼らを見つめた瞬間、受刑者たちの目の奥には熱い光が入ってきて、その衝撃でもう何もできなくなってしまった、とのことでした。最後に、ブライアンはほほ笑むと、その姿を消していったそうです。その時の様子を見ていた者たちは皆、ブライアンの姿は光に包まれていた、と言っていました。

シャラン　信じられないけれども、美しいエピソードですね。ちなみに私も幽体離脱の経験はあるのでなんとなくわかるのですが、非物質の状態、つまりスピリットの状態でこの次元の物質的なものに影響を与えるということは、非常に難しいんです。ブライアンのスピリットが実際に物質化して、すごい勢いで頭の上に振りかざされようとしていた角材を片腕で受け止める、なんていうことは、相当なエネルギーがいるんですよね。それだけブライアンの思いが強かったんでしょうね。

ジョン

そうかもしれません。その後、意識の戻ったケビンから話を聞いたのですが、ブライアンは刑務所内でポルターガイスト現象を起こすことで、自分に、そして刑務所側に警告を与えようとしていた、ということがわかりました。「受刑者たちが、また同じことを計画している。だから、気を付けるように」という注意喚起の意味だった、ということでした。その日以来、不可思議な現象はもう二度と起きなくなったそうです。こうして、無事に事件は解決しました。私とパートナーは報告書をまとめると、この件について調査の依頼をしてきた保安官に提出するやいなや、逃げるようにその場所から立ち去りました。

シャラン　どうしてですか？

ジョン　その保安官のリアクションを見たくなかったからですよ（笑）。もちろん、ＦＢＩに戻っても、この報告書は正式には認められませんでした。

シャラン　はい。それはもう、十分に想像できます（笑）。

あらゆる病を治す「クリスタル・チェインバー」

シャラン　さて、ここからは、ちょっと明るい話をしていきましょうか。カバールの手中にあったＥＴテクノロジーは今後、一般社会にもたらされるのではないかと思います。そこで、そんな新しいテクノロジーについて聞きたいのですが。たとえば、「クリスタル・チェインバー」という技術について、もう少し教えていただけますか？

ジョン　先述のように、クリスタル・チェインバーとは、エイリアン・テクノロジーの1つですね。人が収まることができる小さな部屋のような箱、容器の上に何らかのエネルギー的なシールド（覆い・カバー）がされているもので、その中に入ると、ありとあらゆる病気が治るだけでなく、若返りも可能だといわれている技術です。

シャラン　それは、カバール側からアライアンス側に渡りましたか？

ジョン　そんな噂も聞きますが、定かではありません。1つだけ言えるのは、このクリスタル・チェインバーがどれほどの効果を与えてくれるか、という詳細まではわかりませんが、この技術さえも永続的な効果を発揮できるわけでもない、ということです。つまり、人間に永遠の命までは授けてはくれないのです。やはり、それを可能にするには、DNAレベルからの変容が必要だからです。もちろん、ある程度は寿命を延ばすことはできるのです。たとえば、あのデイヴィッド・ロックフェラーは101歳まで生きましたよね。でも、そこまでが限界だったというわけです。だからこそ、ビル・ゲイツたちはDNAレベルからの変容を可能にするための研究に執着しているのです。

シャラン　エリザベス女王も94歳になられましたが、とてもお元気に見えますよね。彼女もカバール側だと思われるので、これを使っているのではと思いますが……。

ジョン　あり得るでしょうね。

シャラン　ちなみに、この技術のメカニズムはどういったものなのでしょうか？　クリスタルと言うからには、水晶のエネルギーを応用した技術なのですか？

ジョン　実際にはクリスタルというよりもガラスのような素材のようです。もちろん普通のガラスでないことは確かですが、その素材の詳細までは把握していません。将来的に一般社会にまで浸透するエイリアン・テクノロジーがあるかどうか、という意味においては、このクリスタル・チェインバーは、その姿形を変えて市場に出るかもしれません。というのも、トランプ大統領が1度ならず何度も「近い将来、ガンは治癒する」と発言しているからです。また彼は、「糖尿病をはじめ、他の難病なども完治するようになる」とも述べています。このような発言は、将来的にクリスタル・チェインバーが市場に導入される、ということを暗示しているのではないか、と思われるのです。

シャラン　なるほど。それは待ち望まれますね。他には、どのようなテクノロジーが一般社会にリリースされそうですか？

ジョン　「インプラント技術」などもそうですね。小さなメタル状のチップを人体に埋め込むことによってDNAを変化させてしまう、というものです。すでにお話にも出てきたように、カバールたちがこの技術をワクチンなどの手段で悪用しようとしていますが、このインプラントの場合、通常なら身体の方も異物が入ってくると拒否反応を示したりするのですが、なぜだか、これには拒否反応を示さないらしく、DNAにも変化がもたらされてしまうそうです。

シャラン　これは悪用された場合は怖いですね。間違った使い方では広まってほしくないですね。

ブッシュマン博士と体験した恐怖の「ブラック・グー事件」

ジョン　はい。もう1つご紹介するなら、「ブラック・グー」と呼ばれるエイリアン・テクノロジーもあります。これは、オイリーな粘度の高い物質で、その物質を手にして「これが欲しい」と意図して投げると、その意図したものが物質化現象によって現れるというものです。たとえば、ワイドスクリーンTVが欲しい場合、それを意図して壁に向かって投げると、壁にワイドスクリーンTVが現れる、というものですね。これは、アライアンス側がすでに所有しているという話です。

シャラン　すごいですね！　そんなものがあるんですか⁉

ジョン　でも、これは市場には放出できないでしょう。なぜなら、ビジネスや産業、経済の在り方が崩壊してしまうからです。

シャラン　確かにそうですね！　そのブラック・グーとやらを投げれば欲しいものが何でも手に入るのなら、もう何も製造したり、販売したりする必要がなくなりますよね。

ジョン　そういえば、このブラック・グーについて、あのボイド・ブッシュマン博士と共に体験した、忘れられない怖ろしいエピソードがあるんですよ。

シャラン　ぜひ、教えてください！

ジョン　これは、『X-ファイル』の中にも「機械の中のゴースト」というタイトルのエピソードで部分的に事実が描かれています。これは、「ある会社のセントラル・コンピュータのシステムが意識を持ちはじめて、その会社の建物を乗っ取ってしまう」、というエピソードでしたが憶えていますか？

シャラン　はい、憶えています。コンピュータが意思を持つなど、90年代の前半にすでにこれからのＡＩ時代の到来を予測しているようなエピソードでしたね。

ジョン　はい。それも、コンピュータが怖ろしい意思を持ったために起こった事件でしたね。すでにお伝えしたように、ブッシュマン博士はある大手の航空宇宙企業で働いていた人でした。その会社のビルは、その業務の内容からも、何重ものゲートがあるほど厳重にセキュリティで守られた構造になっていました。ある日、その建物にいたブッシュマン博士からパニック状態の声で電話が入ったのです。話を聞いてみると、「私は人を殺してしまったんだよ！」と言うのです。彼は普段からちょっとおかしいところがあったので、私は「何を言っているんだろう!?」くらいにしか思っていませんでしたが、彼の焦り方が尋常ではなかったために、すぐに彼の元に駆けつけることにしたのです。

ＡＩに乗っ取られたビルが次々に人を殺す!?

シャラン　ブッシュマン博士が、何か大変なことをしでかしてしまったわけですね？

ジョン　そうなのです。彼は、例の「ブラック・グー」を、建物内にあるセントラル・コンピュータのサーバーのマザーボードの部分に、直接垂らしてみたと言うのです。そして、コンピュータに何が起きるかを実験してみたかったそうなのです。ブラック・グーは、意図すれば生命を持った生き物だって創造できたりもするわけですが、この場合、コンピュータが意思を持った生き物になってしまった、というのです。それも悪意を持ったコンピュータになってしまったのです。

まず、セントラル・コンピュータがビル内の各場所を勝手にコントロールしはじめたので、彼は止めようとしたのですが、彼の力では制御できませんでした。そこで、外からコンピュータに詳しい人の助けを呼び、なんとか修復を試みました。ところが、コンピュータの専門家がその建物に入ってきてエレベーターに乗ると、ビルのコンピュータのシステムが上昇していたエレベーターを上から下へと突き落としてしまい、その人を殺してしまったのです。

シャラン　なんと！　ドラマの中では、ブッシュマン博士やブラック・グーこそ登場していませんが、エレベーターが同じことをしてＦＢＩの捜査官を殺していましたね。

ジョン　はい。今度は、別の人がセントラル・コンピュータのある部屋に入ろうと、入り口でセキュリティーガードをクリアするためにカードを差し込みました。すると、その彼も電気ショックで死んでしまったのです。ブッシュマン博士からその説明を聞いた私は緊急事態だと判断し、建物内にいるビル管理のセキュリティスタッフの所へ駆けつけて、この状況を説明したのです。すると、そのスタッフはすでに起きていた事故のことでバタバタしていたのですが、「博士は頭がおかしいから、わけのわからないことを言っているだけだ！」と取り合ってくれません。すでに何か所かで起きている事故についても、「ビル内のコンピュータの不具合で起きたことなので、修理をするだけだ」と信じません。もし、そのスタッフが私の話を信じてくれていたら、その時点でビル内にいるすべての人を外に避難させていたはずです。

とにかく一旦、私はブッシュマン博士のいる場所まで戻りました。すると今度は、彼が泣き崩れていました。そして、「今、コンピュータからこんなメッセージが来たんだ」と言うのです。コンピュータが吐き出していたその膨大な出力紙に書かれていたのは、「ここから逃げようとするなら、お前を殺してやる」というような内容がびっしりと印字されたものでした。こうなったら、なんとかしてこのコンピュータをすぐに破壊しなければなりません。ブッシュマン博士いわく、それには「DOD（Department of Defense：国防総省）」にいるコンピュータ・ウイルスの専門家から機密扱いになっている強力なウイルスを特別に入手して、コンピュータの中央制御システム自体を破壊させるしかない、とのことでした。そこで、私は早速その人物の連絡先を手にすると、彼の元へと建物を飛び出して駐車場へ向かったのです。

すると、ビルの外には、武装した警察の「スワット（Special Weapons And Tactics：特殊武装）」チームが私を待ち構えていました。彼らは私に飛び掛かってきて捕らえると、私を地面に押し倒し、うつぶせにして押さえつけたのです。もし、私が１ミリでも動こうものなら、私はその場で射殺されていたはずです。彼らが言うには、警察宛てにこのビルからコンピュータの人工的な声で「この建物内にＦＢＩエージェントの恰好をしたテロリストの男が侵入している。その男は、銃を手にビルの中にいる人たちを脅している。その男が逃げ出そうとしているので、すぐに彼を捕まえてほしい」という内容の通報があった、と言うのです。そこで警察はスワットチームをこの場所まで送りこんできたのです。

ドラマのエピソードを超える、ありえない現実

シャラン　なんなんですか！　すでに、『X-ファイル』で描かれていたエピソード以上の話になっています！

ジョン　そうなのです。とにかく、ブッシュマン博士も外の騒ぎに気づいて、ビルからあわてて出てきました。そして、警察に状況を説明して私を解放してくれるように頼んでくれました。なんとか警察から解放された私は早速、DODのコンピュータ・ウイルスの専門家の元へと駆けつけました。そして、ウイルスを入手すると、その専門家と共にビルに戻りました。博士は、コンピュータのサーバーの前で待機することになっていたので、大至急、上の階へ行くエレベーターに乗ろうとしたら、エレベーターのスクリーンには「故障中」とのメッセージが出ています。そうなのです。私が呼ばれてここへ来る前に、エレベーターの事故で1人が亡くなっているからです。

そこで、別のエレベーターで上へ行くことにしました。この建物のエレベーターは、当時、最先端のエレベーターでもあり、人工的な声で止まる階を知らせるようなエレベーターでした。そして、その別のエレベーターに乗り込もうとした時、そのエレベーターが「博士が指定した場所で待っています」と言うのです。その瞬間、私はイヤな感覚を覚えました。そこで、エレベーターは使わずに階段の方を使うことにしました。後でわかったのは、やはり、私たちが乗ろうとした方が、先ほど事故を起こして故障していた方のエレベーターだったのです。私たちがそちらへ乗ったなら、同じように殺されてしまっていたでしょう。

ついに、なんとかブッシュマン博士がいる階までやってきた私たちは、サーバー・ルームへ入る際は、電気ショックを受けないようにゴムの手袋にゴムのスニーカーを履いて入ることにしました。そして、無事に入室できたので、コンピュータの中央制御システムを壊すべく、ハードドライブにウイルスを入れたのです。すると数分後には、館内のすべてのシステムを完全にシャットダウンさせることに成功したのです。結果的に2人の人間が亡くなったことに関しては、アクシデントとして片づけられることになり、ブッシュマン博士は罪に問われることもありませんでした。

その後、そのコンピュータがどのようになったかを調べてみたのですが、ブッシュマン氏がコンピュータのマザーボードに垂らしたというブラック・グーはどこかへ消えてしまったのか、もはや、どこにも見つかりませんでした。この事件の翌日、ブッシュマン氏は、「もう、二度とブラック・グーには遭遇したくない！」とこのビルから立ち去りました。

シャラン　これが現実に起きた話、というのが信じられませんね。ブラック・グーは、どんな物質だったのか、もう一度ご説明していただいていいですか？

ジョン　液体状で、まるで生きているように動く物質ですね。黒いオイルのようなものが軟体動物のイカのようにうごめく、と言ったらいいでしょうか。

シャラン　彼はどこでそれを入手したのですか？

ジョン　彼は、エリア51において１９４７年のロズウェル事件から回収されたエイリアン・テクノロジーについて研究してきた科学者であり、アメリカ国内におけるＵＦＯ関連の最高レベルの機密情報にアクセスできた人だったので、ブラック・グーなども簡単に入手できたのだと思います。

シャラン　お話を伺っていると、機能は違いますが、９・11に使われていたという液体状の物質ともなんだか似ているような気がしますね。

ジョン　そうですね。この時のブラック・グーとは違うタイプかもしれませんが、水銀のような液体状のもので生きているようにうごめく、という部分は似ていますね。

シャラン　とにかく、その時のブラック・グーが今でもどこかで悪さをしていないことを祈ります。

「ルッキンググラス」は〝白雪姫の鏡〟のようなモノ!?

シャラン　では、別のエイリアン・テクノロジーについても伺ってみたいのですが、先ほどもお話に出た、未来を見ることができる「ルッキンググラス」はどうですか？　今ではアライアンス側で入手してトランプ大統領も使用している、とおっしゃっていましたね。これは、物質的なものですか？　もし、そうならどれくらいの大きさなのでしょうか？　そして、これは、地球にはたった1つしかないものなのでしょうか。それとも、ソフトウエアやアプリのようにダウンロードすれば機能する、というような代物なのでしょうか？

ジョン

これは、ソフトウエアではなく物理的な装置で、実際に手で持ち運んで使うようなものです。たとえば、アメリカの大統領の側近が常に「核のスイッチ」が入った黒いバッグを手に提げて大統領の行く先々について持ち歩いていますね。そのような感じのものです。一見、枠のフレームがついた鏡のような装置で、これを使うためには呪術ではないですが、使い方を学ばないと使いこなせないようになっています。でも一旦、使い方を学べば、この鏡のような装置は鏡の部分が流動的に動く水のようになるそうです。つまり、鏡が息を吹き込まれたようになり、質問に対して、その水が動きながらさまざまな形をつくり、未来の答えを見せてくれる、というようなものらしいですね。

シャラン　まさに白雪姫の物語で、「鏡よ、鏡よ、鏡さん！　世界で一番美しいのは誰？」と鏡に訊けば答えを映し出してくれるようなものと同じではないですか！

ジョン　はい、まさにそんな感じだと思われます。

シャラン　そんなふうに童話の物語にも描かれているということは、きっと大昔からこの装置は地球上にあったのかもしれないですね。権力者たちは、この地球で何百年、いやもっと長きにわたって、この装置をこっそり使っていたのかもしれないですね。

ジョン　はい、私もそう思いますね。今、ルッキンググラスはあちこちに移動しているはずですが、厳重に守られて丁重に扱われています。これは、触れるべき人にしか許可されていません。なぜなら、これに触れてしまうと、その人の考え方、体験などをすべて変えてしまうからです。

シャラン　未来に影響を与えてしまうからこそ、国家元首的な立場の人しか使えないんですね。

Chapter 9

新しい世界を生きるために真実を見極める

今のＦＢＩには「反デソーザ・ルール」が敷かれている

シャラン　ところで、現在のＦＢＩには、ジョンさんが担当していたような超常現象を扱う部署はあったりしますか？　もしくは、部署まではなくても、ジョンさんのように熱いスピリットを持った後輩が同じように超常現象を扱いながら真実を探求していたりしますか？

ジョン　残念ながら、それはないと思います。というのも、私がＦＢＩを去る年にＦＢＩのトップが交代になりました。オバマ大統領の任命で長官としてやってきたのは、ブッシュ大統領時代に司法副長官などを務め、権力側に堕ちていたジェームス・コミーという人物でした。彼は政府官僚の中でも最も悪名高い1人でした。そんな彼が長官になり、私がこれまでFBIでやってきたことを知ると、私が活動してきた成果を消去してすべて無かったことにしたのです。そして、彼は私を解雇しようとしたので、その3か月後に私の方から去ることにしました。

その後、私がFBIを去ると、彼は「反デソーザ・ルール（Anti-DeSouza Rule）」というものをFBI内に制定しました。それはつまり、「今後FBIにおいて、何人たりとも超常現象などは扱わないように」ということです。そして、FBIが新たに人員を採用する際にも心理テストなどを行った上で、超常現象やUFOなどに興味を持たない、目に見えない世界は存在しない、ということを信じる人だけを採用するようにしたのです。要するに、私のような人間がもう二度と現れないようなルールをつくったのです。

シャラン　なんという！　こんなことを言っては失礼かもしれませんが、今の時代に逆行するというか、さらに腐敗した組織になってしまったのですね。ちなみに、彼はまだ長官ですか？

ジョン　いいえ、トランプ大統領が２０１７年の5月に彼を更迭しました。

シャラン　それはよかったです！

ジョン　彼こそ逮捕されるべき人物だと思いますね。

シャラン　トップが代わったことで、またジョンさんのような熱いスピリットを持った人がＦＢＩにも現れてほしいですね。

ポータル現象が意味することを知るために調査は続く

シャラン　現在、ジョンさんが一番興味関心を持ってリサーチをしているテーマは何ですか?

ジョン　今、最も興味があるのは、今回も詳しく扱ったポータルとポータルから出てくるUFOの現象についてですね。世界中の主な都市でこの現象が起きている理由があると思うので、今後もそのあたりを引き続き調査していきたいと思います。また、こういった現象が頻発しているにもかかわらず、ほとんどの人がこのことを知らないし、社会においては、このような情報を知らされないように徹底的にコントロールされているという事実があります。ですから、そこの部分を私の活動を通して少しでも皆さんに知っていただきたい、という思いがあります。

また、私がなぜここまでこの件に夢中になってリサーチを続けているかと言うと、今、カバール側とアライアンス側の闘いが最終局面を迎えているからです。世界各地でポータルを開いているエイリアンたちは、いわばアライアンス側をサポートする側でもあり、今後、この闘いがどのような展開を見せていくのか、ということはこのポータルの現象を見ていればわかるから、ということでもあるのです。

シャラン　なるほど。ポータルの現象を見ていれば、そのあたりがわかるのですね。ちなみに、ＦＢＩ時代のスモーキングマンみたいに、情報をこっそりくれていたような人は今もいらっしゃいますか？

ジョン　はい、情報提供者は今でも何人かいますね。でも、今の時代はネット社会になり、もう多くの情報は機密情報でもなく、すでにオープンソースで手に入れることも可能になってきています。また、草の根レベルの情報がＳＮＳなどを通して発信されるようになりました。カバール側は、このような動きをコントロールすることはできません。

たとえば、南極にはすでにエイリアンの地下都市があることが発見され、現地でも軍の基地を拡大しながらエイリアンのテクノロジーを獲得しようとしています。この件には、アメリカ、ロシア、英国、ＥＵに、もしかして日本も関わっているかもしれませんが、これは、これまではある一定の人だけに周知の事実だったことです。ところが、今ではスマホなどで撮られた写真などもすぐにアップされて広がっていくので、このような、もともとは機密情報だったことも、今では一般の人にもすぐにＳＮＳなどで広まるようになってきたのです。

シャラン　カバールは、組織や企業のトップには影響を与えられても、草の根レベルには与えられない、ということですね。

Qアノンは10のメンバーから構成されている

シャラン　ソーシャルメディアで真実を追求する活動をしている「Qアノン（Q Anon）」という組織も謎に包まれていますが、アライアンスとの関係はどのようなものですか？　匿名のメンバーが集まっている、というのは知られていますが、これは、アライアンスの誰かがQアノンと名乗って活動をしているのか、それとも別の組織なのか、などわかりますか？　最近では、彼らは親トランプ派ということでＳＮＳのアカウントが停止されるなどの嫌がらせも受けていますね。

ジョン　Ｑグループの活動は、まさにアライアンスの中心部分と言ってもいいでしょう。いわば、Ｑアノンはアライアンスである、ということです。基本的にＱグループは、10のメンバーから構成されているといわれています。メンバーはすべて人間、というわけではなく、そのうちの１つは量子コンピュータであり、もう１つはＡＩといわれています。

シャラン　なるほど。ちなみに、Ｑアノンの「Ｑ」は、「クォンタムコンピュータ（Quantum Computer：量子コンピュータ）」の頭文字のＱからきている、ともいわれていますね。

ジョン　それもあるかもしれませんが、Ｑとは機密情報をレベル別に分類するときに、その最高クラス＝最も機密性が高い情報のランクを「Ｑ」という文字で分類しているのです。そこからきている、といも言えますね。

シャラン　それは初耳です！　ところで、亡くなったケネディ・ジュニアが実は生きていて、Qのメンバーだともいわれていますけれども、どうなんですか？

ジョン　定かではありませんが、生きているという証拠も上がっているらしいですね。また、彼に近しい人物がQに関わっている、ともいわれています。ただし、基本的にはQが誰であるのかというのは、知られていないし、また、知るべきでもない、ともされているのです。

シャラン　そうなんですね。ちなみに、アライアンス側、つまりQアノン側はすでに優勢の立場にいるわけですよね。

ジョン　はい。というか、彼らは常にコメントを出す時に「我々は、すでにカバールとの闘いに勝った」という言い方で表現していますからね。

シャラン　それは、1つの表現だけかもしれませんが、アライアンス側がすでにカバールに勝ったという未来を知っているのかもしれませんね。または、すでに勝った未来の並行現実にいる、みたいな言い方もできるでしょうか。だから、「*マンデラ効果」みたいな現象もあったりするわけですからね。

ジョン　そんな仮説もありえるかもしれませんね。何しろ、マンデラ効果は至るところで見られますからね。

シャラン　ジョンさんの知っているマンデラ効果には、どのようなものがありますか？

ジョン　たとえば、ジョン・F・ケネディはオープンカーのリムジンでパレードの最中に暗殺されましたが、当時の映像では、彼が乗っていた車は大型で3列の座席がありました。ところが、最近の映像ではリムジンの大きさも小さくて座席も2列しかないものになっています。ただし、当時のニュース記事などにはまったく変更がない、というのも1つのマンデラ効果かもしれません。

シャラン　マンデラ効果によって、この社会に何か影響が出たことなどはご存じですか？

ジョン　マンデラ効果はあちこちで見られますが、それによって引き起こされる大きなダメージは今のところないですね。たとえば、他にも有名なマンデラ効果として、聖書の内容が変わったりもしていますが、これについても誰も傷ついていないわけですよね。

シャラン　聖書の中の「*獅子」とあった文字が「狼」に変わった、という箇所ですよね。

ジョン　よくご存じですね！　その通りです。

＊マンデラ効果

事実と異なる記憶を不特定多数の人が共有している現象。南アフリカ共和国の政治家、弁護士だったネルソン・マンデラ（1918-2013）の死亡時期について、誤った記憶を持つ人が大勢現れたことに由来する造語。多くの人がネルソン・マンデラは1980年代に亡くなっていたとなぜか信じていた（実際には2013年に亡くなっている）。

＊聖書におけるマンデラ効果

「聖書」の「イザヤ書 11章6節」において、かつては「獅子は子羊と共に宿り」とあった文言が「狼は子羊と共に宿り」へと変化している。

新型コロナウイルス感染症は、中国共産党とカバールが仕掛けた戦争

シャラン　改めて、今回の「新型コロナウイルス感染症（COVID19）」については、どのような見解ですか？

ジョン　新型コロナウイルスの問題は、一言で言えば、中国共産党とカバールが全世界、全人類に仕掛けた戦争です。それも、戦場に兵隊たちを送らずに闘い、相手を倒すという新たな形の戦争です。そこに、アメリカの権威のある研究機関や大学、科学者、腐敗した政府の一部が偽りのサイエンス、医学で以て加担したわけです。そして結果的に、ウイルスの問題だけでなく、世界中に向けて心理的にも恐怖感を大いに煽ることで、この戦争はとても上手くいったのです。アメリカだけでなく世界の経済活動は封鎖されてシャットダウンし、大きな痛手を受けたわけですから。この計画は、長期にわたって練り続けてきたものであり、それが実行された、というわけです。

シャラン　日本においては、感染者は増加中ではあるものの、重症化して亡くなる方はそこまでいないんですよね。でも、西洋では亡くなる方も多いですね。これは、西洋をターゲットにしたウイルスなのでしょうか？

ジョン　基本的に、ウイルス自体は本物なので、西洋であれ東洋であれ、また人種にも関係なくウイルスの感染力は同じではないでしょうか。また、どちらにしても、すでに免疫の落ちている高齢者の方は亡くなるケースも多いですね。では、どうして西洋で猛威を振るっているように見えるのか、というと、カバールはより西洋社会に対して影響力が強いからです。つまり、西洋においてカバールの力は医療現場にまで大きな力を落としています。彼らは亡くなった方の病名を新型コロナウイルスと書き換えたりすることで死亡者の数を操作して増やしているのです。

シャラン　そうみたいですね。ネットには、今回の問題が〝パンデミック（感染症・伝染病が大流行すること）〟ではなく、〝プランデミック（計画されたパンデミックという造語）〟であったという状況を説明したドキュメンタリーの動画が出回っていますが、ネット上にアップされるたびに消されています。この動画でも、アメリカの医療機関では、死亡診断書にコロナと書くと1件につき1万3000ドル（約140万円）の補助金が入ってくる、と現場の医師が告発していましたね。となると書類を書き換えたくもなりますよね。

ジョン　ええ。でも、そのような額はほんの一部ですよ。カバールからは医療機関、研究機関へ莫大な補助金や研究費などが提供されているわけですからね。

シャラン　確かにそうですね。カバールたちは人々が苦しんだり、悲惨な目に遭ったりするのを見ることで、逆にパワーが得られるわけですからね。従って、世の中が景気も含めてすべてが好調に動いている時、何も問題がない時などを狙って大きなダメージをあえて与えてくるともいわれています。たとえば、9・11などもそうだったのではないでしょうか。そして、この新型コロナウイルスの問題もその一環ではないですか？　また、それに対してトランプ大統領が「祈りのチーム」みたいなものを組織化していて、それに対抗しているとも聞きましたがどうでしょうか？

ジョン　はい。キリスト教の指導者たちがトランプに手かざしのようなことをして祈りをささげている、というのはニュースにもなっていましたね。そして、トランプ大統領は実際にパワーを感じた、と言っていたので、そういうことも言えるかもしれません。

シャラン　とにかく私たちは、マスメディアの報道に恐怖を感じたり、おびえたりしていてはいけない、ということですね。私たちがひるまなければ、カバールたちは面白くないわけであり、パワーがチャージできないわけですから。でも、今回のような話の中には、あまりにも信じられないショックなことも多く、拒否反応を示す人もいるかもしれません。でも、本当の真実に〝耐性〟をつけていかないといけない時期がきているのだと思います。それができてこそ、皆で声を上げられるのですから。

ジョン　その通りですね。特に今、瀬戸際にまで追い詰められた彼らは、自分たちを犠牲にしながらも生き残りをかけている状態ですからね。何をしでかすかわかりません。

日本人の精神性は今後の地球の未来を担う

シャラン　ちなみに、現在、日本におけるカバールの影響はどれくらいなのでしょうか？　日本は彼らの支配下にあるようにも見えたり、そうでないようでもあったり、という感じなのですが……。

ジョン　日本はカバールの手中に収まらず独立できている、という意味では素晴らしいと思いますよ。日本には、彼らの資本がほとんど下りてきていないので、直接、手をかけられない状態です。

シャラン　でもここ数年、中国が日本の土地を買い占めているんですよね。その中に、カバールとつながる資本があった場合は危ないですね。

ジョン　そうですね。中国が日本の土地を彼らのものにしようとする動きは、ストップさせた方がいいですね。中国の人には土地は売らないようにしてください。

シャラン　カバールと一言で言いますが、その実態はベールに包まれていて謎の部分が多いですよね。実際にはどれくらいの組織というか人数がいるのでしょうか？

ジョン　頂点に君臨する人数は少ないでしょう。けれども、そんな彼らに従い、彼らのために動く裏切り者や売国奴たちがあまりにも大勢いるということです。政治家や役人、科学者、グローバル企業に各種機関、実業家・富豪たちにセレブリティやその他、影響力のある人たち。そんな中に潜む彼らを追い出さない限り、いつまでも彼らは国家に対して欺き、また、人々を苦しめるようなことを続けるのです。

シャラン　そういうバッドガイは、どうやって見分ければいいのですかね？

ジョン　それは簡単ですよ。たとえば、もしその人が日本人なら、日本のためにならないこと、日本にとって役に立たないことを推進する人ですね。今なら、まさに新型コロナウイルスのワクチンの予防接種を義務付ける、みたいな働きかけをする人たちです。

シャラン　なるほど。そのあたりは、一人ひとりが自分なりに見抜けるようにならないといけませんね。

ジョン　はい。でももちろん、中には私たちのために働いてくれるような政治家や役人、科学者たちだっているので、そのような人たちも、きちんと見極めていくことですね。

シャラン　本当にそうですね。では、最後に日本の読者にメッセージをいただけますか？

ジョン

日本の方々は、今後の未来の世界がどうなっていくか、ということを考えた時に、特に、精神性の部分において特別な役割があるのではないかと思っています。私は中国に住んでいたこともあるのですが、特に共産党の年齢層の高い人たちは、日本に対して悪い感情や敵意を持っていることもわかりました。でも、カバール側でもあるそんな中国から日本は被害を受けていませんね。もちろん、中国も全体がカバールに汚染されているという一枚岩の体制ではないですが、それでも、中国も日本だけはなぜか攻撃することが許されない、というようなことが起きているのです。

私自身も、同じアジアでも中国や他の国を訪れた時と、日本を訪れて日本の人たちに触れた時、そのエネルギーには大きな違いがあるのがよくわかります。そして、そんな日本の人たちの持つエネルギーこそがカバールの力を弱め、消滅させられるのではないかと思っています。ぜひ、そんなポジティブなエネルギーを持ち続けていただきたいですね。そして、この本を通してご紹介してきたような事実があることを、まずは信じようが信じまいが、耳を傾けていただければうれしいと思っています。

シャラン　そこからがスタートですね。まずは、ジャッジせずに情報を受け入れて、その上で自分なりに判断することですね。これからの時代はどれだけ自分の目を養えるか、ということに尽きると思います。それが自分や自分の大切な人の命を守ることでもあるということになるわけですから。それにしても、今日は『X-ファイル』以上に面白く、興味深く、あまりにも信じられない貴重なお話の数々をありがとうございました！

ジョン　こちらこそ、ありがとうございました！

おわりに

真実は、〝受け身〟でいる限り手に入らない。

元FBI特別捜査官のジョン・デソーザさんは、この本を通じてそんなことを教えてくれました。

要するに、私たちは毎日、TVやネット、新聞、雑誌などのメディアからあふれ出すニュースや情報をシャワーのように浴びているわけですが、そんな受け身の立場でいる限り、真実は決して知ることができない、ということです。

つまり、TVの報道番組で言われていることも、真実とは限らないということ。

著名なジャーナリストのレポートだからといって、真実とは限らないということ。

１００人が１００人、「それは本当だよ！」と言ったって、真実とは限らないということ。

また、すでに世の中で長い間常識とされていることだって、真実とは限らないということです。

実はこの私自身も、不思議な世界を長年渡り歩いてきたと思っていましたが、今回、本書で語られたことには驚きの連続でした。

あの9・11についても、まだ誰からも語られたことのない事実を知ることとなりました。

それも、その現場に実際に立ち会っていた人から。

私たちは今まで真実ではないことを、真実だと思いこまされていただけだったのです。

ガーン！　ガーーーン！

ショック!!

しかし、「ペンは剣よりも強し」的な言い方をするのなら、「1本のペンは、巨大なメディアよりも強し」なのではないかと思うのです。

ジョンさんという名のペンは、たった1本の細いペンかもしれませんが、そこに真実があるのなら、メディアという名の巨大なモンスターにも立ち向かえるのではないかと思うのです。

私たちも同じように真実に目覚めることによって。

実際に今回、ジョンさんがFBIの特別捜査官という、普通の人なら努力しても手に入れることが難しいすごいタイトルを捨ててまで伝えてくれていることは、私にはすべてどれも疑いようもない事実だと思えました。

それは、彼の誠実な人となりや、ドラマのモデルになってしまうほどの真実を追求しようとするその真摯で情熱的な姿勢からも明らかなのです。

ちなみに、『X-ファイル』のモルダーはクールでカッコいい感じですが、実際のジョンさんはとてもお茶目でユーモアたっぷりの楽しい方ですよ。

今回この本でお伝えすることができたのは、まだまだほんの一部です。

今、時代が大きく変わろうとする変革の時を迎えているからこそ、私は隠されてきた真実を財宝を発見するかのように明るみに出していきたいのです。

あなたも〝受け身〟でいることをやめて、ジョンさんのガイドで私と一緒に「立ち入り禁止の黄色いテープ」を潜り、「本当に起きたこと」、そして、「今、本当に起きていること」を探しに行きませんか？

真実を知ることは、私たちが生きていく上で最も基本的な権利だと思うのです。

共に、真実を取り戻していきましょう！

最後に、この素晴らしい冒険の旅にご一緒いただいたあなたに、心より感謝いたします。
また、次なる真実を探す旅でもお会いできますように。

２０２０年10月　シャラン

おわりに

ジョン・デソーザ

John DeSouza

元FBI特別捜査官、作家、プレゼンター。FBI史上、最年少の23歳でFBIにスカウトされて以降、1988年から2013年まで20年以上にわたり特別捜査官として、超常現象やテロ事件、凶悪殺人事件などの捜査を行う。FBI時代には、最も優れた捜査官に授与される「ベスト・エージェント賞」なども受賞。アメリカで大ヒットしたTVドラマシリーズ『X-ファイル(The X-Files)』の主人公、FBI捜査官フォックス・モルダー役のモデルになる。現在は、FBI時代に引き続き、超常現象をはじめUFO関連の現象などのリサーチを行いながら、世の中の人々に真実を執筆活動や講演会、セミナーなどを通して伝えている。本国アメリカでは著書、『The Extra-Dimensionals』がヒット。

https://www.youtube.com/c/JohnDeSouzamedia
https://www.facebook.com/johnxdesouza
https://www.johntamabooks.com/
https://twitter.com/johnxdesouza
https://www.amazon.com/-/e/B00QWG7NCE

シャラン

Syaran

長崎県出身、大阪府在住。未来案内人、多次元コンタクター。著書に『パラパラめくるだけで引き寄せができる本』『パラパラめくるだけでズバッと縁切りできる本』『第6密度の使者 アドロニスチャネリング シリウスメッセージ by ブラッド・ジョンソン × シャラン』(すべてヴォイス刊) 「パラめくメソッド」を開発して、日本10か所以上・海外3か所にてパラめく講師陣がオンラインにてセミナーを開講中。Voice講師としても各種セミナーやセッションを随時開催。長年にわたり、特殊な能力をコントロールする方法を研究していく中で、スピリチュアルな世界の全体像を把握し、独自のノウハウの体系化したものを伝えている。本書の共著者であるジョン・デソーザ氏との対談動画も好評発売中。YouTubeでは、「シャランチャンネル」にて動画を投稿中。

真実はここにある！
元FBI特別捜査官ジョン・デソーザ×シャラン
＝あの『X-ファイル』の主人公が明かす最高機密ファイル Vol.1＝

2020年11月15日　第1版第1刷発行
2021年 9 月30日　第1版第4刷発行

著　者　ジョン・デソーザ（John DeSouza）
　　　　シャラン

編　集　西元 啓子
通　訳　かい ふきこ
校　閲　野崎 清春
デザイン　小山 悠太

発行者　大森 浩司
発行所　株式会社 ヴォイス　出版事業部
〒106-0031
東京都港区西麻布3-24-17 広瀬ビル
☎ 03-5474-5777（代表）
☎ 03-3408-7473（編集）
FAX 03-5411-1939
www.voice-inc.co.jp

印刷・製本　株式会社　シナノパブリッシングプレス

ISBN978-4-89976-510-3